目录

特稿

张功臣　往事半苍茫（上）
　　　　——成舍我的办报生涯　／ 1

回眸

邵盈午　风义平生师友间
　　　　——清华四大导师的交谊　／ 25

文事

陈为人　"山药蛋派"今日谈　／ 41
杨建民　1958年：诗人郭沫若　／ 60

轶事

蔡登山　陆小曼打官司
　　　　——怒告平襟亚始末　／ 68

人物

岱　峻　金陵才女
　　　　——曾昭燏、游寿和沈祖棻的人生悲欢　／ 75
冯远理　宅心仁厚黎元洪　／ 96

印象

张方晦　追怀孙大雨教授　／ 99
马　嘶　何其芳印象与"何其芳现象"　／ 106
季　蒙　钱仲联先生与海日楼诗　／ 114

聚焦

傅国涌　20世纪中国两次和平转型的机会　／ 121
张耀杰　鲁迅与钱玄同的化友为敌　／ 135

记忆

赵　绹　我与我的父母
　　　　——童年记忆　／ 147
苗振亚　改变命运的两封信　／ 157

文本

胡大勇　吴宓先生的一封佚札　／ 164

钩沉

赵映林　1948年蒋介石缘何游太湖　／ 168

影像

孙明经　1944年：西康掠影　／ 中插

特稿

往事半苍茫（上）
——成舍我的办报生涯

张功臣

　　民国初期的报人，因时代不宁，经历曲折甚而奇崛者为数不少，他们的办报生活，有的自立门户，独往独来，以一支孤笔向强权社会挑战，如林白水之于《社会日报》、邵飘萍之于《京报》；有的办同人报，说自己话，在政治夹缝中左冲右突，成就其事业，如胡政之、张季鸾、吴鼎昌"三驾马车"创办的《大公报》；更有无计其数的人，在依附报馆为稻粱谋的同时，自我奋斗，独树一帜，成为报人中的佼佼者。如果要找出一个人，都经历过这几种报人生活形态，且在每个领域都留下传奇故事的，则非成舍我莫属。

　　翻开成氏年谱，他的报人生活，从开始记者生涯的安庆《民嵒报》、沈阳《健报》、上海《民国日报》、北京《益世报》，到独自创办的《世界晚报》、《世界日报》、《世界画报》、南京《民生报》，再到与同人发起的上海《立报》、香港《立报》、《自由人报》，其丰富多彩，流光溢影，本身就是一部报业的风云史。

　　在以上一系列报纸的背后，隐藏着许多鲜为人知的故事，也显现着中国报业发展嬗变的轨迹。成舍我的办报经历，从辛亥革命发生直到国民党统治结束，跨越了整个民国时期，既是一个情节曲折、高潮迭起的精彩故事，也是那一时代报人生活的缩影。要说新闻是历史的独特见证，要说优秀的报人是社会政治生活的记录者和参与者，成舍我讲述自己的办报生涯，算是一个难得的典型例证。[1]

因父亲蒙冤对报纸发生兴趣

　　成舍我原籍湖南湘乡，1898年生于南京下关，"舍我"原是他的笔名，取自《孟子》"如欲平治天下，当今之世，舍我其谁也？"这也透露他青年时代自视甚高，有崇尚个人英雄主义的一面。"舍我"既随文章传噪一时，本名"成平"也就鲜为人知了。成舍我的祖辈从湘军到江南镇压太平天国，以后定居南京，这一段家史，见于他在《世界日报》上的追记："自太平天国之役，曾国藩以湘军转战东南，湘子弟弃耕来从者数十万众，而吾邑豪杰之士，起自田间，立大功官至封圻者，乃多至不可胜数。先大父春池公，亦以此弃故业，佐国藩弟国荃幕，历官江浙，此为吾家百余年来有仕宦之始。"2 但是，到他父亲成心白这一辈，家业已荒芜，沦为既无田地也无房产的平民，靠着一份收入微薄的差事，为人司笔札养家糊口。大约在1900年，成心白因参加平定地方土匪有功，由乡人保举，获得一个九品候补官位，分发到安徽候缺。直到1906年，才被派为舒城县监狱典史（典狱长），然而不过两年，监狱发生暴动，数十名囚犯破狱出逃，成心白奋力追赶，在与逃犯搏斗中被殴成重伤。这个事件，经各报的传播，当时成了一条大新闻，连上海《申报》都发表了详细的报道。

　　按清廷成规，看守人员疏于防范而造成囚犯穴墙而逃，称作"越狱"，要问罪于典史；而囚犯结伙破狱出逃，称作"反狱"，属于狱政管理问题，知县要负责任。在往上行文呈报时，为了将"反狱"改称"越狱"，求得减轻刑责，这位陆姓知县向成心白提出，愿以纹银二千两，换得他同意共同遮掩此事。尽管这是一笔大数目，梗直倔强的成心白却不愿代上级受过，于是陆知县一边在报告中把逃案归罪于典史不尽职，一边联络上海各报驻省城安庆的访员，徇私发布对成心白不利的新闻，成心白则有口难辩，始知舆论之利害。一个小小的知县，为了保住官位，不惜重金贿赂，使出浑身解数，为了什么？成舍我当时不到十岁，对此事却印象颇深：

　　　　那时候做知县的，都有的是钱，最大的财源，就是收田赋，大的县份，一年究竟收多少，都没有数儿，也没法统计，大概都是收十块，往上报一块，其余九块，都可入县太爷的"腰包"。我记得当逃狱事件发生时，大约是在阴历七、八月的时候，正是田赋开始征收时期，所以他宁可给我父亲两千两银子，替他顶罪，也不肯丢官，但我父亲的个性也很倔强，宁可不要他的银子，也不肯替他顶罪。因此使知县恼羞成怒，他的呈文硬说是先有囚犯挖洞跑了几个人，后来才打架的。因在未定案之前，上海各报已有了消息，后来知县被撤职，我父亲也被撤职。

成心白因此丢官，心有不甘，带着一家人赶到安庆，住在湖南人聚居的大杂院"曾公祠"里，希望向上级机关面报实情。就在这当儿，经人介绍，认识了上海《神州日报》派驻安庆的访员方石荪。方石荪也是湘人，十分同情成心白的遭遇，乃撰一长文，详细叙述舒城监狱暴动真相，很快刊登在报上。因为这篇文章，成心白终得"平反"，典史却是做不成了，为前途计，考入安徽省安庆高等巡警学堂深造，两年后毕业，又被派到凤台县任警察局长。

因父亲受诬陷一事，新闻记者这个职业给少年成舍我留下了深刻的印象，同样是报纸的访员，一个收受了钱财，可以避重就轻把囚犯"反狱"说成"越狱"，使他父亲蒙冤丢官；一个忠于职责，在报上仗义执言，使得案件真相大白，而舞弊的知县也被治以应得之罪。这种景况，让他深切感受到了新闻纸的强大力量，从个人福祸到社会生活，无不有所作用。成舍我到晚年对此事念念不忘，足见这段经历对他后来选择报人生涯，有着直接的影响。

成舍我的求学历程十分艰辛，他父亲位卑禄薄，任典史时，每月俸银仅二两九钱，家里人口又多，子女四人，绕膝索食，因此无钱供给上学，他跟着父亲读书写字，直到十二岁才进小学。清宣统元年（1909年），成舍我入安庆湖南旅皖第四公学，"不一年，自初小高小，拔升至中学。顾家愈贫，境愈困。书值百钱者亦不能致，须昏夜借写。不能具校服，有操演或集会，均摈不得与。又积欠学金过巨，则不与试。卒至辍学"。[3] 成舍我十四岁那年，武昌起义的消息沿着长江传布开来，不久，革命军的势力蔓及安徽，并很快攻克他父亲任职的凤台，旧的制度在一夜之间土崩瓦解，成心白自也不能幸免，结果是保了命、丢了官，带着一家人逃走。成舍我到晚年时回忆起来，依然是历历在目：

当时革命军占领的地方，很多县长都被杀了，我父亲是警察局长，居然被放走了。因为他的为人不错，在地方上做的很好，也没与人结怨，否则也会被杀的，……我父亲决定先回安庆，那时候地方治安很差，听说到处都有土匪，如果人少，携带的行李财物，一路上一定被劫光。因此，我们是联合很多人，集结几十条船一块儿走的，比较安全。

因皖北淮河流域，在清末时本来就不太平，革命军把清军打垮之后，很多清兵都做了土匪，他们都有枪，到处杀人掠货。我们一路上果然多次遇到土匪劫船。船行在河中心，两岸都有土匪，对着我们的船开枪，叫停。船上也有很多人有枪，就对着岸上开火，就这样停停打打，打打停停，逃到一个津浦路的车站，大概是在蚌埠。记得当时还有火车，我们就乘火车到了南京。当时正是革命军攻打南京的时候，我们就住在下关，眼见炮火连天，大人小孩，莫不触目惊心。我们稍作停留，就搭民船逃到安庆，那时安庆也已经被革命军光复了。这回我们全家，才总算是安全到达目的地了。

回想这一路的情境，真如做了一场噩梦，梦见死里逃生了。

一家人回到省城时，安庆已经光复，新政府也已成立，到处洋溢着一派新气象，成舍我的父亲因是旧官，在新政府中又没有关系，就只好居家赋闲了。但成舍我却闲不住，街头张贴着革命党招兵的告帖，号召爱国青年都去投革命军，推翻清王朝，告帖上充满鼓动性的语言吸引着他，跑到青年军的招兵处，抢先报名投考。对自己的这段"革命"经历，成舍我一生都引以为荣：

那时候我才十四岁，是个小孩子，大概是心理上所感受的，觉得当时社会上的坏人坏事太多了，觉得只要参加革命，就能铲除"坏人"、"坏事"，所以我就去投考了。记得他们是招考三个队，每队五百人，总共一千五百人，我是考取了第一队。在考取时，军监韩衍对我们几位成绩最好的人说："你们的成绩很好，我各送你们一本书吧。"于是他就拿来几本《华盛顿传》给我们。他说:"你们很不错,希望你们做未来的华盛顿。"因为那时候提倡革命时,都提倡崇拜美国华盛顿。

我入伍时个子很小,发给我一支枪,和我的人一般高,现在回想,那时青年军也是胡闹,他叫我们去找汉奸,因革命党刚把满清打倒,但许多人想做汉奸,再把满清恢复起来,所以要抓他们。我们要轮班巡夜,查旅馆,有时从晚上搞到天亮。还有几次指说某人是汉奸,去把他们打掉,我还算好,没有派到过这种任务。后来,连都督都管不了他们了。

成舍我开始给报馆投稿,大约就在这时候。据他自述,引导他走上新闻之路的启蒙老师,就是几年前为他父亲在报纸上申冤的《神州日报》访员方石荪的儿子,名叫方竞舟。方竞舟时年二十出头,素有继承父业、从事新闻工作的愿望,得知成舍我小小年纪,就有当新闻记者的大志,乃引为同道,时加鼓励,向他讲解报纸对于影响国家人心、转移社会风气等方面的作用,指导他就身边见闻,撰写新闻稿件、小说、杂文等,每写一稿,必帮助修改润色,并代向报馆投稿,常被采用。

这时候的成舍我一心向往革命,为建立共和国出力,一年多的时间里,都和同伴们一起在省城内打打杀杀,把安庆闹了个天翻地覆,不可收拾。不久,当青年军被改编为正规部队,准备向南京开拔时,若不是他父亲上船阻拦,成舍我或许会成为一个职业军人,而不是新闻记者了。对当时的情景,他有以下回忆:

那时候的都督是白(柏)烈武,白烈武是国民党的重要人物,一直到袁世凯做总统,白烈武仍做都督。他来之后,就先叫青年军改编,而韩衍不答应,不久,韩就被人暗杀了。据说就是白烈武派人杀的,因为这一千多人都有武器,后来青年军就被解散了。那时,革命军已把南京光复了,黄兴做留守府的留守,他组织了一个入伍生队,白烈武就获得黄的同意,把一部分青年军送到南京入伍生队里去,我就自愿参加了。但当我已上船就要开走时,被我父亲知道了,他及时赶到船上,把我抓下船来,硬是不让我去,说现在就做军人,年纪太小,还得好好读书,所以就没去成功，不然的话，我就变成职业军人了。后来，把入伍生队的一部分人，送到保定军校去了。这是民国元年的事，既然没有去南京，就在安庆待下来，没事就写稿，由于向《民嵒报》投稿，结果就被聘为记者。我的新闻记者生涯就是从这时候开始的，这年我是十六岁。

1912年较晚时候，十五岁的成舍我加入了国民党。[4]这个选择，对他一生的办报生涯将产生重大影响。

丢了饭碗，扬了名声

成舍我被《民嵒报》[5]聘为外勤记者，是在1913年秋。该报创刊于1912年，日刊对开两大张，为安徽最早最大的报纸之一，主持人吴哑吭系清末京师大学堂文科毕业生，加入过同盟会，拥护孙中山的革命主张，以文章报国自许，在言论方面，以提倡民主自由和充当皖民喉舌为宗旨。袁世凯当政后，力图恢复帝制，激起公愤，反袁运动席卷全国，《民嵒报》亦口诛笔伐，遭到安徽督军倪嗣冲的威胁，一度被迫停刊，复刊后已沦为袁党喉舌。

1913年是农历癸丑年，袁世凯乘着军事上的胜利，对国民党及其异己报刊进行大规模镇压，以"乱党报纸"的罪名查封各地国民党报刊三百多家，是为"癸丑报灾"。"二次革命"失败后，在安徽，倪嗣冲也开始对国民党员大加逮捕，成舍我加入国民党后，本来就是个活跃分子，加之他参加过反袁的秘密活动，已为军政府所注意，势必要躲一下风头。于是，在1915年夏天跑到奉天（今沈阳），靠了一个本家的关系，投身当地的一家由革命党人创办的小报馆《健报》，先做校对，以擅诗能文，不久升任副刊编辑。总编辑王新命很赏识他，他们很快成为"忘年之交"，后来一起在各地辗转办报，合作无间。1957年，王新命在台北出版自传《新闻圈里四十年》，成舍我为之作序，说：

> 回忆我与新命先生相识，远在民国四年，那时我由安庆到奉天，为奉天《健报》任校对、编副刊。新命先生是《健报》总编辑，我以十七

岁青年，做新命先生部下，屈指迄今，也已四十多年。就眼前……的朋友说，我或许是新命先生最老的朋友，新命先生也或许是我在报业中，惟一仅存的上司。

在沈阳避了半年光景，1916年初，全国反对帝制的呼声又高涨起来，受这种气氛感染，成舍我回到安庆，与朋友计划创办一份报纸，拟名《长江报》，要为讨袁运动制造舆论。申请立案的公文送到督军府后，正好自投罗网，成舍我连人带文都被扣留，连续审讯了三天。倪嗣冲憎恨革命，嗜杀成性，有着"倪屠户"的绰号，若不是督军府秘书长裴景福爱惜成舍我的诗才，愿意出面担保，后果可想而知。

安庆的政治环境是如此的恶劣，成舍我自知不能久留，于是经人介绍，到上海去闯一闯。这年2月初到上海时，人地两疏，借住在安徽革命党人设的讨袁总部，得识陈独秀，又因为投稿关系，与《民国日报》主持人叶楚伧交往，被揽入报馆做校对和助理编辑。虽然有了一份固定的职务，因该报经费困难，仅供伙食，不发薪水，成舍我的生活仍无着落。

到了这年春天，王新命也从《健报》弃职，辗转到了上海。王新命多年后在自传里回忆，当时他以发表反对帝制的激烈言论，被军阀张作霖派人指名拘捕，当报馆被包围时，仓猝间爬墙躲在屋顶上，待来兵散去，才带着青苔满身，从屋上跳到后院中，状甚狼狈。沈阳既不可久留，乃乘火车到山海关，再转秦皇岛乘海轮到了上海。由于他的文笔受到商务印书馆编辑高梦旦的赏识，嘱为提供各种文稿，应接不暇，于是由他领衔，纠集了几个落魄文人组成"笔阵"，依赖卖文为生，撰稿对象以商务印书馆主办的《小说月报》为主，同时向各地报刊投稿，成舍我就此搬到"卖文公司"在法租界南阳路租下的一所小房子里，算是有了安身之所。当时他还只有十八岁，已能够写诗词、论文、小品文等各种体裁的文章，并与陈独秀主办的《新青年》通信，也有若干稿件发表。在一起以卖文为生的还有刘半农、向恺然（平江不肖生）、章石屏等，成舍我虽是这个圈子里的后辈，而最初向《新青年》介绍刘半农的译诗并得到陈独秀、胡适的称赞，却是这个"小老弟"呢。[6]

这一年，随着袁世凯病亡，讨袁运动结束，报纸上的评论又清冷起来，成舍我的兴趣渐渐转移到文学方面，尤喜吟诗填词。萧条的行囊里，只有几件单薄衣衫，但一部《白香词谱》却随身携带，到哪里也不肯舍去。据时人回忆，当时成舍我和刘半农住在一起，生活十分贫困，每天啃烧饼度日，"没有桌子，睡在楼板上，仰面写文章。有时瞌睡得要命，就洒些花露水在手巾上，捂住鼻子，用来兴奋刺激"。在《民国日报》时，"由于他不会说上海话，显得土气，就拼命练习，夜里说梦话都在学"。总编辑叶楚伧以散居在上海小东门外、冒充苏州籍的外地娼妓比附，作诗嘲弄他，其中有两句是"夜半忽闻作吴语，小东门外是前身"。[7]但是在这里，他积累了众多人脉，不仅与《新申报》副刊编辑王钝根等发起组织"上海记者俱乐部"，还参加了柳亚子组织的"南社"，与沪上文化界的名人时相唱和，后来成为名作家的张恨水、此时名叫张天培的，这时候还是一个唱文明戏的演员，因为投稿关系，与成舍我交上了朋友，两人聚首唱和，往往通宵达旦。混迹于文坛老将新秀中，成舍我在学问和人生经验等方面，自然是日有所获，突飞猛进。

但他毕竟还是个毛头小伙子，以年轻气盛，不知深浅地卷入了南社的内部之争。他先后三次参加过南社的"雅集"活动，同样是个积极分子。1917年春天，南社主持人柳亚子与社员朱鸳雏因唐宋诗地位问题"诗见"不合，继而发生争执，柳亚子写了一个把朱鸳雏开除出社的启事，送往《民国日报》刊登，成舍我得知后，力阻见报，但主编叶楚伧还是给照登了出来。成舍我为此打抱不平，遂被柳亚子连带开除出社，加上对叶楚伧偏袒柳亚子不满，乃从《民国日报》愤而辞职，并典当了衣物，花钱在《申报》上刊登广告，披露南社论诗纷争，并指责柳亚子狂妄欺人，一时间闹得沸沸扬扬。他后来立志独立创办报馆，不肯依附于人，也与这一段经历有着很大的关系。

任《益世报》主笔惹大祸

丢了饭碗，却扬了名声的成舍我，在上海站不住脚，便动了去投考北京大学的念头。作出这一选择，是因为李大钊在这年夏天来沪时，曾对他面加鼓励，认为如有机会，仍应进入正规学校深造，以求来日发展；不久，北京大学聘陈独秀为文学院院长，李大钊为图书馆馆长，这更增加了成舍我前往求学的信心。他托请刘半农给陈独秀、李大钊带口信，表达自己投考北大、以半工半读完成学业的愿望，很快获得两人函复，表示愿意提供生计等方面的帮助。但是北京之行，绌于川资，成舍我计无所出，翻译了三篇西洋短篇小说，投到胡政之主编的《大共和日报》，得到稿酬一百元，才于1918年初独自乘轮北上，这年他二十一岁。

到北京后，陈独秀、李大钊对他多有帮助，陈安排他在北大学生第六宿舍暂住，入国文系旁听，李很快又在《益世报》替他找到差使，得以安顿下来。但投考北大一事，却经历了一番曲折，"抵京后，拟入北京大学深造，由于无中学毕业文凭，不能骤升大学，辗转思量，立草万言书，致书北京大学校长蔡元培(孑民)，自述好学之殷，请校长予以通融办法，俾得有所成就。蔡元培收信后，觉其文笔通畅，言之有理，怜其情况，准以同等学力资格报考旁听生"。[8]和他一起考取北大预科国文门旁听生的，还有后来成为著名编辑的孙伏园。具体情形是这样的：

> 我是民国七年一月去北京的，目的是入北京大学读书，但要等到暑假才能考学，所以就请李大钊介绍到《益世报》工作，我一进《益世报》就做总编辑，写社论、编副刊、看大样，都是我一个人；暑假到了，我以同等学历的资格，考取北大做旁听生。按照规定，旁听生的成绩如在第一学年平均到八十分以上时，就改为正式生。但这一年都不缺课的话，可以加三分。我为了争取"全勤"加分，每天都不敢缺课。但报馆的工作等看过大样之后，一定要到凌晨4点钟，而报馆离学校很远，每天早晨都是打个盹，就去学校上课，太累了身体实在吃不消。一学期过去了，成绩考得还不错，看情形升"正式生"是没问题了，所以向杜社长说明工作太累，请准辞掉总编辑的职务，改为主笔名义，除写社论外，还跑新闻，薪水照旧。一切先得杜的谅解，就这样决定了。之后，他请了潘云超做总编辑。

《益世报》创办于1915年，主持人是法国天主教天津教区神甫雷鸣远，内容上除了传播教义、刊登各地新闻外，对西方新思潮也多加鼓吹，发行两年后又在北京城南开了分馆，虽然也是日出对开一大张，但内容和声望远不及天津主报。从请一个穷学生来做总编辑这一点，可见报馆的窘困，成舍我在这里仅求温饱而已。

关于《益世报》京馆的情形，张恨水曾回忆说："《益世报》当时在新华街南口，除了总编辑成舍我外，有吴范寰、盛世强、管窥天和我几个编辑，还有两个校对。另有主笔一人，每天做一篇社论。社址有三进房屋，前面一排是营业所，有两个人收广告管财务。中进是排字房，有二十几位工人，还有两架平板机和一架小机器，两侧是堆纸的屋子。经理室、编辑部、厨房全在后进。新闻和副刊全在这里编。要说是每天出两大张报，这点房子真不算多……当时其它的报，往往是租一所小小的房子，门口挂一个木牌，就算报社了，报纸大半是找印刷所代印的。"[9]成舍我不久自办的报纸，恰恰就是后面一种。

当时政局动荡不安，北京城成了军阀争权斗胜的舞台，报饭并不好吃。社长杜竹玄，北京通州人，是个好好先生，知道成舍我有一股初生牛犊不怕虎的劲头，所以平日对言论和新闻严加把关，惟恐得罪了哪路军阀。成舍我改任主笔后，请来了京师公立第四中学校的国文老师潘云超兼任总编辑，因为潘对新文化了解较多，思想开明，每遇社论言辞过于激烈时，杜社长也必加删改，以求相安无事。就这样，仍有一次，因转载上海《新闻报》"山东第五师全体士兵敬告全国同胞电"，京师警察厅以"煽动军队，鼓荡风潮"罪名，下令《益世报》罚停刊三日。山东军人通电，内容是"痛外交失败"，虽为军阀政府所忌，还不至于大动干戈；很快，在1919年五四运动中，因为成舍我的一篇攻击军阀、支持学生运动的评论，《益世报》又让人刮目相看了。成舍我叙述事情经过：

> 我是住在北大的学生宿舍里，"五四"事件发生后，我到报馆来问"社论"写什么。结果恰巧杜回家去了，不在报馆，代理他的人就说："老板不在，你就随便写吧。"我就想了"安福与强盗"的这个题目。本来杜社长很谨慎，我写社论他都亲自看过的，他认为言论过于激烈的地方，

就删改几个字,这次他将好不在报馆,没想到这篇文章就惹了"大乱子"。文章发表的当天警察就来了,查封报馆抓走了总编辑……

《益世报》的后台是洋人,报纸又是在国外注册的,北洋政府对其无可如何,最后只好追查文责,将总编辑潘云超拘捕后,转交地检厅判刑一年,以警效尤。成舍我惹祸的这篇文章究竟写了些什么?兹引全文如下:

北京城里,强盗的窟宅非常的多,这几年来,又发生了一个最大的窟宅,弄得兵戈忧攘,鸡犬不宁,诸君知道这个窟宅在哪里呢?就是太平湖的安福俱乐部。

安福俱乐部[10]成立以来,试问他们替人民安了什么,福了什么,他们所做所为,那一件不是鬼鬼祟祟祸国殃民的勾当,他们眼中只有金钱、只有饭碗,只要自己那一窝子有金钱、有饭碗,他们便不问国亡也好,种灭也好,这种行动,简直是强盗的行动,所以我说他是强盗窟宅。

他们得意的时候,便是我们痛哭的时候,我想他们若是到了生平最大得意的时候,那么便是我们宣告死刑的时候了,我现在且把他们得意的事情写出请大家看看。

军事协约成功,他们有了参战借款,每个人都分了若干卖国钱,这是他们第一件得意事,新国会成功造就了几百个饭碗,他们可以帮着政府为所欲为,这是他们第二件得意事,现在他们又有了两件得意的事:(一)就是南北合约快要决裂,他们在那里拼命运动,从前眼巴巴的在那里盼望决裂。如今快达目的了,从此南北还是打仗,他们还是可以多吃饭抢钱卖国;(二)就是这一次学生爱国运动,政府不但不能发现半点儿天良,也去爱下国子,却反把一班有名望的志士一网打尽,他们安福部都趁着这个机会,要去把那从前没有插入的地方去极力钻迎占据,你看这几天外间所盛传的什么教育总长哩!大学校长哩!他们安福不都在那里打主意,想把这两把交椅抢夺过来,做成他们完全的强盗政治。

我可怜的国民呀!安福部最大得意的时候快要到了,我们便听他得意么，我们若果不叫他得意，我们便应该大家起来，扫除这极大的强盗窟宅，我们就有了光明同幸福，若是大家放弃扫除的责任，叫他们大肆活动。那么，恐怕我们宣告死刑的日子就在目前了。"

然而，这件事的结果，说《益世报》因祸得福，也未尝不可。报馆被封的消息传开，等于在报贩和读者中作了个广告，复刊后一段时间，报纸由日销几千份，一度增长到两万份。杜竹玄为销数暴涨而喜笑颜开，不但未对成舍我有所责难，反而请他代行总编辑职务，直至潘云超刑满出狱为止。

成舍我躲过这一劫，同年9月又升读北大国文系，成为正式生，学业算是有了着落。他求学的道路颇为不易，一年前校长蔡元培准以同等学力资格报考旁听生，考试结果，他居然名列前茅，但这又是以忍受艰困生活为代价而得来的。在北大旁听的一年多里，他两手空空，"东斋吃饭，西斋洗脸"，人们形容他过的是"逐水草而居"的日子，所有物品，只有一件小行李和一只小箱子，在北京的寒冷冬季里，常常因衣服单薄而出不了门，在宿舍里发些社会无情、人间不公之类的牢骚。岂不料再过些年头，他做了报馆老板，成了这样一个人——"对任何人极少有好评，对从业人员，无论其为亲友抑为同学，一律要求极严而待遇其苛"，他又做如何感想呢？[12]

艰苦的大学生活，仿佛总是熬不出头，成舍我也真有毅力，咬着牙也要挣得一张大学文凭，因为他知道，这是今后出人头地的资本。他同时在《益世报》兼职，既写文章又编新闻，月薪只有五十元，而且常有拖欠，不得已向账房商借，也屡遭白眼，或是答应借几元，还把假银元掺在里面，他为此常在背后骂社长杜竹玄是"万恶的资本家"。到1921年大学毕业后，因为杜竹玄频繁删改他撰写的言论，以迁就各路军阀，两人经常发生争吵，为此，成舍我还跳槽到北京师范学校做过国文教员，又在李次山所办的北京联合通讯社干过一段记者，为了谋生，还是得吃《益世报》的"回头草"。正是因了这些挫折，他立志要自己办一份报，"第一是要说自己想说的话；第二是要说社会大众想说的话"，他也想要尝尝做资本家的味道，最重要的，他是懂得要"话语权"的。

但是办报需要资本，钱从哪来？成舍我对此早已有所准备，他经常去议员俱乐部采访，有意识地结交了不少权贵人物，并很会运用这些关系，具体的做法是通过他们为自己谋得一些拿干薪的兼差，"如由众议院议长吴景濂介绍任众议院一等秘书，月薪二百元大洋；通过教育总长彭允彝的关系当上教育部秘书；经财政总长王正廷推荐担任华威银行监理"，[13]可见收入是不少的。通过兼差所得，成舍我挖到了创业的"第一桶金"，不过他无心走仕途，社会地位和经济收入刚有些变化，就决定独立办报，来实现自己的抱负。

两百元创办《世界晚报》

1924年4月，成舍我辞去《益世报》职务，用该报一次付给的薪水大洋二百元，创办了《世界晚报》，报馆就设在西单牌楼手帕胡同他的住宅内，打出的也是纯民营报纸的旗号。创办初期，除了聘请安徽籍众议院议员陈策做名义上的经理兼发行人，报社仅有三个采编人员，成舍我集社长、主笔和外勤记者于一身，因为晚报完全靠当天的特别消息撑门面，所以外勤记者是最重要的任务；其它两人，一是总编辑龚德柏，湖南人，曾在日本第一高等学校留学，擅长写外交新闻，编报之外，专以东交民巷内的各国使馆为采访对象；一是副刊"夜光"主编张恨水，此前张在上海唱过一段"文明戏"，因爱好写作，常以梨园琐事为题材向《民国日报》投稿，与时在该报打工的成舍我相识；不久来北京，在《益世报》任校对、记者，又顺理成章被揽入《世界晚报》，他的成名作《春明外史》就是在这时候开始在"夜光"上连载的。

《世界晚报》创刊之初，论设备，可以说是一无所有，两百元开办费，一半付了房租，在租住的房子里摆两张办公桌、两只椅子，另外添置了一些笔墨糨糊，再往大门口挂一幅"世界晚报"的招牌，就算开张了。成舍我敢于赤手空拳办报，信心何在？王新命在所著《新闻圈里四十年》里回忆，《世界晚报》创刊前夕，他恰好来京访友，成舍我试图拉他入伙时，说过这样一番话："现在办一张有当日新闻的晚报，是相当出色的。因为北京的日报虽多，晚报却只有《北京晚报》一家，这《北京晚报》上的新闻，却几乎全是隔日早报上剪下来的，决不采用隔日旧闻的《世界晚报》出版之后，便一定有其光明的前途。"[14]可见成舍我对当年《世界晚报》的市场定位是很准确的,非大智大勇者不及此也。

但那"光明的前途",此时还是个泡影。当王新命问起两百块银元开办费如何用法时,成舍我一五一十道来,原来,一个日出四开一张的报馆,在创刊的前一天,却连买白报纸的钱还计无所出呢。王新命闻此,讥他是"叫花子过日子",表示恕不奉陪。成舍我后来这样说:

> 二百元的开办费用光了。譬如说预定创刊的日期就是明天,但今天此时,却还连买纸的钱都没有。
> 那时,购买印报用的纸张,不仅不能像现在报馆,几十几百吨的整批购进,而是向纸行多则三五令,少则一两令零星购买。送纸的工人,将纸背在肩上,走进大门,先将纸款拿到手,才肯把肩上的纸卸下,如果你说一句待明天来取钱,他连头也不回,就背着纸走了。

这年4月16日,《世界晚报》创刊号出版,公布了四条办报宗旨:言论公正,不畏强暴,不受津贴,消息灵确。这些都是针对当时的办报环境和条件,有感而发的。北洋军阀时代,报馆要想保持地位独立,态度不偏不倚,哪里容易。尤其在政治中心的北京,民国成立以来就是军阀横行的天下,除了《晨报》、《顺天时报》和《益世报》因后台强硬,稍有自主说话的底气,多数报馆维持生存的手段,无外乎领取政府津贴,接受党派赞助,或投靠某系军阀,否则就难以立足。成舍我既无背景又没后台,对一言不慎便会被封门、被抓人的危险,不是不了解,那么,他敢于自办报馆,有什么独造之秘、不传之学呢?

成舍我既不愿意依附军阀、领受补贴,又要说自己想说的话,并且在社会上站住脚,他只有在"消息灵确"上大做文章了。以战争消息为例,此时军阀纷争,烽烟四起,百姓惶惶不可终日,人们关心的最大新闻,便是军阀在混战中的此消彼长,对于自身生活的影响。但一般报纸,因为拿了别人津贴,又怕开罪某一方,对打仗的消息一是尽量免登,二是多为东家袒护说话,久而久之便失信于读者。《世界晚报》看准这个空隙,格外关注战事新闻,加上后来跑外勤的记者龚德柏是留日学生,每天都到东交民巷坐探消息,尤其靠他的日语熟练,为人诚信,终于打破各使馆都不愿接待记者的惯例，成了日本公使馆的座上客。

据龚德柏回忆，当时日本在中国各重要商埠都设有领事，每日必向公使馆报告地方上所发生的各种事件，龚德柏则以所得消息加上自己的推测，编成新闻，当然是重要消息。"这等于《世界晚报》，在中国各大商埠都有特派员一样"[15]，这样不仅避免了像别的晚报一样"炒冷饭"，剪抄大报上前一两日的消息，还争取当日发生的新闻在下午见报，在速度上胜过日报一筹，《世界晚报》的特色由此形成。独家消息，抢先见报，成氏秘诀之一也。

创业的第一年，成舍我白手起家，采访、编辑、校对，事事都要亲自动手。据时人回忆，当时他身上穿的，夏天是一件蓝布长衫，冬天是一袭挡不住寒风的棉袍。报纸在一家印刷厂代印，有段时间他索性住在机器房外一间小屋里，既是编辑部，也是他的卧室，几张椅子拼起来就是床，几个烧饼也能将就过一天。每天看完大样，报纸付印，机器轰轰震动，他竟能在"床"上酣然睡去，因机器老旧，常出故障，只要声音一停，他马上惊醒，可见他办报何等投入。如此惨淡经营，创刊半年多，销数虽只有两三千份，但他以个人之力，创造出如此"高效率、低成本"的案例，也足以让同业自叹弗如了。此乃成氏秘诀之二也。

为了打开报纸销路，成舍我可以说是煞费苦心，想出种种"点子"，要把《世界晚报》挤进市场。"如他经常携带一捆当天的晚报，与一名伙计到城南游艺园一带去叫卖，有时他自己也混在人丛中争购自己的晚报，以吸引购者，同时也注意了解读者的意见。他还想出采用打笔墨官司的办法来引发读者的兴味，如他以《北京晚报》为对象，抨击了该报有些新闻失实，有些新闻纯系造谣，并揭露了该报与某派某系有内部关系，等等。对方不免照样反击，于是形成了对峙开骂的热闹场面。……他还有意识地找一些权贵，如段祺瑞的儿子段宏业以及教育总长章士钊等加以攻击，一则可以哗众取宠、排挤对手，博得敢言之美名，一则引起权势者干涉后，亦可借此提高晚报的声望"。[16]这些"点子"虽嫌寒酸，壮士不为，但的确能够刺激报纸的销路。此乃成氏秘诀之三也。

《世界晚报》创刊时，占据民国总统宝座的是直系军阀曹锟，而山海关以外，奉系军阀张作霖则陈兵数万，随时想突入关内，做北京的主人，两路军阀之间常爆发冲突。到1924年秋天，零星的战斗终于酿成第二次"直奉大战"，北宁铁路沿线燃起了熊熊烽火。为防堵奉军进入自己的势力范围,曹锟任命吴佩孚为"讨逆军总司令",赶往山海关前线督师,吴佩孚满脑子封建思想,十分迷信"逢凶化吉"之类的说法,特地从开封调来他手下一个名叫"张福来"的大将,充前敌总指挥,以求首战开捷。这场战争,对于各报来说当然是争相刊载的重要消息,《世界晚报》也不例外,然而成舍我没料到,在编校过程中因为一个错字,酿成了大祸:

《世界晚报》得到消息,当时就发头条新闻,标题是"前敌总指挥张福来今早出发……"。当天中午外交部举行记者会,并邀宴记者午餐。但中午是晚报最忙的时刻,因在下午两点多,报纸就得印出来,此时稿子虽已排好了,但我还不能看大样,龚德柏在旁说:"外交部开会的时间快到了,可能有重要报告,你赶快去开会,今天的大样由我来看,有什么关系呢?"

我说:"你要当心啊!不可错字。"

这天成舍我在外交部参加午宴结束后,在坐人力车回报馆的路上,看见报贩们已沿街叫卖《世界晚报》,于是买了一份在车上看,不料第一眼就发现,头条新闻的大字标题"前敌总司令张福来今早出发"中,"福"字竟误植为"祸"字!赶回报馆时,见龚德柏正在办公室埋头阅稿,神情自如,浑然不觉祸之将至。当成舍我把那个错字指给他看时,他"吓得呆若木鸡,久久不能自语"。成舍我当机立断,吩咐龚德柏收拾一下重要物品,两个人赶紧雇车驰往东交民巷,躲到六国饭店里,才喘了口粗气。

天将晚时,他们得到消息,在他们离开不久,报馆就被宪兵与警察包围,由于没有抓到当事人,警方已将大门贴上封条,下一步如何,尚未可知。[17]

接下来的故事又一次演义了"因祸得福"之说。正当成、龚二人在六国饭店里,为报馆的命运、也为付不出每天好几块大洋的房费而惴惴不安时,北京政局瞬息而变,直系第三军总司令冯玉祥趁直、奉两军在石门寨、山海关等地激战,临阵倒戈,回师发动北京政变,软禁总统曹锟,驱逐清逊帝溥仪出宫,改所部为中华民国国民军，并电邀孙中山赴京共商国是。经此一变，成、龚的困局顷刻得解，《世界晚报》仅停了五天，经当局批准又复刊了。复刊的10月23日当天，报纸销路大增，从原来的两三千份一跃到了上万份，成舍我的名字也因此大噪，成了街谈巷议的话题，这岂是他当初能够想到的呢。如此说来，触犯禁忌、因祸得福，也算得上成氏秘诀之四了。

当《世界晚报》在北京打开局面后，成舍我忽发奇想，要再办一个日报，来与京城的其它报纸竞争。他才高志大，不甘寂寞且喜欢特立独行，这也是一例。这份新报于1925年2月10日创刊，名为《世界日报》，馆址设在北京西城石驸马大街的一所租来的房子里。办报的资本，是依靠财政总长贺得霖从东陆银行贷出的三千元，及其后陆续提供的现金，总计约四千元的资金，付了房租，购置了印刷设备。编辑班子仍是《世界晚报》的一套，只是在《世界日报》出版后一个月，总编辑龚德柏因与成舍我发生矛盾，辞职离开，创办《大同晚报》去了。成舍我敢于迈出这一步，是因为晚报已创造了声势，而且开始赚钱，由此具备了新事业可达成功的基础。用现在的话来说，他是在借助品牌优势，实现新产品的开发升级，形成产业链。这可视作成氏秘诀之五。

这时的成舍我，在其它方面，也非一年前徒手创业时可比了：

当时，晚报虽已赚了一些钱，但要马上增办一份日报，力量还差得远。不过，这时候可以用报社的名义，向银行贷款。

《世界日报》创刊未久，《世界日报》营业上虽有些盈余，但赔补日报还嫌不够，我那时负债累累，没有存款，只有当票……

成舍我置办的第一个家产，是两部平印对开印刷机，虽然一部机器每小时出报仅一千张，但总算是自己的家当。《世界晚报》创刊后，由于没有自己的印刷所，一直委托印刷厂代印，颇多滞碍，如果拖欠印费，工头马上就不准排稿；有时向厂方交涉，工人还会躺在地上叫肚子饿，常常耽误出报。《世界日报》是一份大型报，日出两大张，因而又增添人手，在组织方面设立了正式的编辑部和经理部，以利于分别开展业务。同年10月，成舍我又把《世界日报》第五版"画报"独立出来,出版了《世界画报》,他的"世界报系"由此初具规模。套用现代营销理论,他的这一招便是通过研究市场,细分客户,把产品做到了极致。

《世界日报》出刊后,成舍我全力以赴,事必躬亲,以期有所大成。对日报而言,社论和政治新闻十分重要,但也有风险,稍有不慎就会得罪权贵,引来封门抓人之祸,自不待说;对政治新闻的获取及处理手段,也需与政要人物建立良好关系,才能熟练地运用把握。在这方面,成舍我也颇有心得:

> 那时候在北京做新闻记者,重要消息,都是从"鸦片盘子"边儿听来的。因为每一军阀、政要,都有抽鸦片烟的习惯,因为那时候吸"鸦片烟",就等于在抽香烟一样,在北方上层社会人家,亲友间相互过往时,到哪家都是倒在炕上一面吸鸦片烟,一面聊天,尤其官宦人家莫不如此。所以,你要想采访到"独家新闻",你就必须先和那些军阀、政要交朋友,甚至上层社会人士,都要交朋友,而且随时都可以登门拜访,不过,最重要的是如何使对方能够相信你,有些事他虽然说了,可是他说不能发表时,你就得绝对保密,遵守信用……这样,时间久了,大家都相信你,当然就可以得到"独家新闻"了。

别看成舍我一副敢打敢冲的架势,其实他心机细密,颇懂得审时度势,对当时的社会政治有着很深的研究和认识,能够放出"不畏强暴"的狠话,也并非吹牛或头脑发昏,所倚仗的一是北洋政府标榜的新闻自由所提供的部分制度保障,二是此时他已在社会各界积累了广泛的人脉,有这两样东西垫底,能应付不少的麻烦。同时《世界日报》确定社论主题,报道政治新闻,都有一定的准则,那就是胆大而心细,有所为而有所不为。譬如说,对于社会的丑陋面、腐败现象尽管揭露,只要事实存在,就照样刊登,不怕得罪衙门甚至打官司;但是如果涉及到具体的人,特别是军阀、权贵之类,则左右考量,慎之又慎,尽量避其锋芒,以免引火烧身。小心从事,处处顾忌,是谓成氏秘诀之六。

尽管成舍我对政治作如履薄冰之状,但毕竟生逢乱世,新闻记者在当时是风险很高的职业,在军阀混战的年代,风云变幻,政局动荡,谁能做到总是游刃有余?"不畏强暴"的报训很快又引祸上门了。

"成舍我氏已被处决"

转眼间到了1926年夏天,直奉大战结束后,北京政坛因换了新主人,正在动荡不止。此时冯玉祥在奉军的压迫下,败走西北,张作霖、张宗昌拥戴段祺瑞为临时执政,组成了新的北洋政府,继续实行军阀统治。直鲁联军总司令张宗昌率部入京,成了北京城的太上皇。直奉战争以来,北京各报对凶狠残暴的张宗昌向无好感,多所攻击嘲讽,张怀恨在心,早就扬言报复,进京后先于4月25日以"勾结苏俄"罪名逮捕《京报》社长邵飘萍,次日凌晨在天桥刑场枪毙。8月6日深夜,又因为《社会日报》登载揭露张宗昌的心腹潘复丑闻的《官僚之运气》一文,抓捕社长林白水,同样不经审判,随即枪决。"萍水相逢百日间",就是时人对这两起惨案的沉痛比拟。在林白水被杀的第二天,8月7日凌晨3时,宪兵司令部奉张宗昌令,又从《世界日报》抓走了成舍我,当时,他刚刚看完报纸大样,上床准备睡觉。成舍我后来谈道,当自己的住所"来了一屋子枪兵",并传令"宪兵司令部王司令(琦)请你谈话"时,"我知道'大事不好',只得跟着走"。

成舍我被抓时,宣布有三大罪状:恶毒反奉;和冯玉祥有密切勾结;替国民党广为宣传,最近还接受广州方面十万大洋之宣传费等。前两项罪名当属捕风捉影,是"欲加之罪";对于后一项,成舍我后来解释说:"我虽然热烈拥护国民党,却从没要过国民党分文资助。十万元当然绝无其事。"[18]他被捕的消息传开后,以当时的情形,人们相信,他的命运肯定与邵飘萍、林白水一样,以至于他的一些好友当天就等在天桥刑场附近,准备与他作最后的道别;路透社驻京记者更已发出了"成舍我氏已被处决"的电讯,成在各地的朋友,还有人打唁电慰问他的家属。但是成舍我命大,他到鬼门关转了一圈,竟完好无损地回来了。

原来,在成舍我被捕当夜,夫人杨璠便找到他的拜把兄弟孙景阳,由孙带着去见其父亲、前国务总理孙宝琦(字慕韩),杨璠跪在孙宝琦面前,请求设法营救。孙与张宗昌是旧交,见事态严重,天一亮就赶到石老娘胡同张公馆,一一解释驳正所列成舍我罪名,商请缓颊行事,张以孙宝琦为北方政界元老的身份,应允考虑，答应绝不重办，保成舍我一条命。孙辞出后，嘱咐《世界日报》同人及成舍我夫人，立即搜集一些证明材料，由他附信送给张宗昌过目。张于当晚复信说："本应立予枪决，此承尊嘱，已改处无期徒刑"——这仅仅是给孙宝琦一个面子而已。孙情急之下，再次往张公馆说项，认为如无成舍我接受国民党宣传费的确凿证据，就应该立即放人。张见此情形，料定孙宝琦与成舍我关系非常，再加上几天来，不断有名流人物或登门或写信为成求情，于是答应对判刑一事，再加考虑。成舍我回忆当时情形说：

> 第四天下午，一位副官来叫我，说王司令（王琦）等我说话，这个王司令是张宗昌亲信，在张宗昌的极盛期间，他真算红得发紫，无恶不作。当我进到他办公室时，竟出我意料，他一变其骄横凶恶的态度，很客气的向我说：这次很对不住，委屈了你好几天，现在督办（张宗昌）已有命令，叫我将你送交孙慕老，你现在就可以走了。说完，他就派一名副官，让我回屋收拾随身杂物，陪我乘车，到永康胡同，孙正在借来避暑的一个私人花园。副官拿出一张大卡片，上面写着："兹送上成舍我一名，请查收。"孙也写了一张回片："兹收到成舍我一名，谢谢。"副官交代完毕，我十分感激，叩谢了孙慕老，于是我回到《世界日报》，结束了四天以来的我毕生未有的一幕惊险怪剧。

由这些令人爆笑的卡片可见，张宗昌与孙宝琦个人关系极相契，且都是富有幽默感的人，但是，玩弄一条人命于股掌之间，仍不免让成舍我心惊肉跳。在这之前，《世界日报》曾详细披露过邵飘萍遇难经过，林白水案发生当天，成舍我根据外勤记者所采访的素材，已将林的被杀害情形，"以第一条大字标题，加黑边，刊登在下午出版的《世界晚报》上"，因而，当他被捕后，从前两位报人的遭遇，不难推测自己的命运。而命运戏人，成舍我被抓情景及在宪兵司令部的经历，竟与邵、林二人完全一样，只是最后一幕"柳暗花明"而已。成舍我后来才知道，他之所以没有像邵飘萍、林白水一样当晚即执行枪决，是因为那天晚上张宗昌新讨了第十个姨太太，宪兵司令王琦在抓人以后不敢扫张大帅的兴，才使孙宝琦得隙营救。[19]

成舍我得开释后，或许是出于张宗昌方面的压力，或许是他本人想再过一把出名的"瘾"，即于8月12日《世界晚报》要闻栏刊登《成舍我释放之经过》一文，向读者报告事件原委。由于事情经过曲折敏感，文章尽管采用客观记实笔法，态度也不卑不亢，仍语多隐讳，不能尽言：

> 本报及《世界晚报》社长成舍我于本月七日上午三时，被宪兵司令部，奉张督办宗昌命，拘传质讯。经各方面竭力营救，及张督办王宪兵司令曲予矜全，已于前晚七时安全返寓，兹略记其释放经过如左。
>
> 成七日上午被捕后，即由宪兵司令部以军用大汽车押送至帽儿胡同，当经留置该司令部副官室，颇承优待，饮食起居，亦极自由。司令王琦、副官长张英武、秘书长陈什朋、秘书李介圭等，对成皆表示善意，是日各方知好闻讯，即纷赴司令部探问。孙前总理宝琦于成到司令部之后二小时，即有亲笔函，分致张王两氏，请予保释。八日下午，张复孙函谓成罪情重大，本应枪毙，既承尊嘱，可改处徒刑。孙接函后，复于九日傍晚，亲至石老娘胡同访张，面为解释，谓成及所办两报，平日持论，尚属公正，既蒙从宽免死，可否即请更进一步予以释放。张乃请孙将最近十日内之世界日晚报检送核阅，再行酌办，如果无妨害军事之纪载，则宽释亦无不可。当夜孙即将报如言检送，当成被捕后，与孙同时为成营救者，如李征五、潘复、杨度、薛大可、刘永谦等，均奔走甚力，成之同学朱光沐、刘子任等，复环请张军长学良，代为缓颊。张即以电话向张督极力劝解。十日上午，宪兵司令王琦即上一呈文于张，谓成平日言论尚无十分不妥之处，可否即予开释？伏乞钧裁，呈上后，张即于下午五时批令如下：
>
> 呈悉，世界日报成舍我，既属情有可原，着应开释，并派人送往孙总理宅可也。此令。
>
> 上令于下午六时送到司令部，即由王司令延成进见，略谈片刻后，王即派秘书韩某乘汽车送成至孙宅，成即由孙宅回寓，遂完全恢复自由

矣。

读者若问,孙宝琦以一政界元老,缘何要为一个位卑言轻的年青报人求情?说来话长。孙是浙江杭州人,在前清做过督抚,武昌起义时在山东任地方官,响应独立,旋任都督,民国成立后历任外交总长、审计局长等,1924年1月曹锟上台执政时,孙年已六旬,仍受邀出任国务总理并组阁,因大力提倡"奉行宪法"、"和平统一"等施政纲领,很快得罪于曹锟,同时与财政总长王克敏大闹意见,上任不久遭到多方掣肘与排斥,反对派还收买一些报馆主笔写文章群起而攻,指责他年老昏聩、神智不清,等等,闹得沸沸扬扬。孙在位仅半年时间,当年7月就称病辞职,从此不问政事。当各报围攻孙宝琦时,成舍我认为有失言论公正,常在《世界晚报》上著文"打抱不平",还让张恨水在副刊"夜光"里写了不少机智俏皮的打油诗,专门讽刺孙的对头王克敏,一时流传很广。可见,在北洋军阀时代,一段时期里,舆论的独立并非一句空话,报人手里还是握有一定"话语权"的。

后来,孙宝琦感于《世界晚报》的"公道",曾让他的儿子上门拜访成舍我,表示感谢。成舍我还记得当时情形:

> 我们办报的原则,就是要说读者想说的话,对孙宝琦被围攻的这件事来说,当时北京城的老百姓都很同情他,认为各报对孙的谩骂是"不公道"的,所以我们《世界晚报》,完全站在客观的立场,作百分之百的同情与支持。
>
> 有一天,孙宝琦的大儿子孙景阳突然来看我,对我们如何主持公道,如何替他父亲说话等,说了很多感谢的话,他临走时从口袋里掏出一张两百块大洋的支票,说:"端午节到了,这是家父一点小意思。"我说:"你这是做什么?我支持孙总理完全是基于道义,要收你这两百块钱,不是就失掉我的原意了吗?何况我一向不要人家的钱,假如我向王克敏要钱,一定会比你这两百块钱多十倍、百倍;这实在不可以,请你赶快收起来。"他看我很坚决,就把支票拿回去了。

之后，他给我写封信来，除了说他父亲感谢之外，又说像我这种人很少，想和我做一个换谱的朋友，所谓"义结金兰"，我说这倒很好，做个好朋友么，不过，后来也没有正式换帖。

事情至此，告一段落，但还有一段后话。当1928年北伐军进占北京后，军阀势力土崩瓦解，张宗昌先是逃亡日本，后又被张学良召回京城，寓居铁狮子胡同，虽然生活依旧豪奢，但已手无寸铁，常独自到城内公园散心。成舍我当时也有个习惯，每天"一俟《世界晚报》出版，总多半赶到中山公园，步行一周，并在来今雨轩作短时间的休息"。有一天，两人在公园里遇上了。成舍我提起前事，张宗昌依然记得，并说了"那次真对不起，以后请你多帮忙"之类的话，大家"狂笑"了一阵，在笑声中告辞了。成舍我自称，这一次的笑是其"生命史上出自心坎最真诚和永不会忘记之一笑"，[20]何以至此？因为事过境迁，当年不可一世的张宗昌已是失意下野的政客，而成舍我仍在自由自在地经营自己手创的报纸，两相比较，他的得意忘形也并不过分了。（未完待续）

注 释

1 本文对成舍我办报生涯的叙述，以他的自述为主线，有一部分是成氏晚年接受新闻学者访问的口述实录，其中不少是他与台湾大学教授马之骕的谈话录音（见马之骕编著《新闻界三老兵——曾虚白、成舍我、马星野奋斗历程》，台北经世书局1986年），有一部分则出自他本人的文章、演讲、追记等，除同时代人的回忆文字及有关报道，余不一一赘注，特为说明。
2 舍我：《先考行状》，载1931年9月4日《世界日报》。
3 《先考行状》，同上。
4 刘家林《成舍我编年纪略》，载中国人民大学港澳台新闻研究所编：《报海生涯——成舍我百年诞辰纪念文集》，第278页，新华出版社，1998年。
5 嵒，参差不齐之岩石；民嵒，意为民众中的不同见解。
6 徐归田：《成舍我成功的条件》，载台北1979年5月26日出版《新闻天地》。
7 张友鸾：《报人成舍我》，载《世界日报兴衰史》，第8页，重庆出版社，1982年。
8 关国煊：《锲而不舍的新闻界老兵》，载《传记文学》（台湾）第五十八卷第五期，1991年5月。
9 张恨水：《我的创作与生活》，载香港《明报月刊》1976年12月号，总第132期，第74页。
10 安福俱乐部：皖系军阀首领段祺瑞任国务总理后，政客王揖唐、曾毓隽等人于1919年3月在北京宣武门内安福胡同梁式堂住宅发起成立的政客集团，下设干事部、评议会、政务研究会等机构，参议国家政务，收买议员政客，操纵议会选举，当年国会中，安福系成员多达三百三十余名，故被称之为"安福国会"。

11　原文载《益世报》1919年5月23日。
12　张常人：《成舍我创办〈立报〉的前前后后》，载文昊编《他们是怎样办报的》，第105页，中国文史出版社，2005年。
13　黄侯兴：《成舍我的三个"世界"》，载《报海生涯——成舍我百年诞辰纪念文集》，第72页。
14　王新命：《新闻圈里四十年》，台北海天出版社，1957年9月出版，上、下册；转引自马之骕编着《新闻界三老兵——曾虚白、成舍我、马星野奋斗历程》，第152页，台湾经世书局，1986年。
15　见《龚德柏回忆录》第七章《世界晚报时代》，台北龙文出版社，1989年版。
16　黄侯兴：《成舍我的三个"世界"》，见《报海生涯——成舍我百年诞辰纪念文集》，第72页。
17　以上据马之骕编著《新闻界三老兵——曾虚白、成舍我、马星野奋斗历程》，第159页。与龚德柏的以下记述有出入："这乱子已经闯得够大了，但没有即刻的反响……10月10日，吴佩孚赴山海关督师，我们把它摆头条地位。到将要上版的时候，警察厅来电话，不准登载吴帅赴山海关的消息。成舍我要另别的消息，我说：旧已空白地位发行，并于空白处以二号字声明：'此处系某项重要消息，因临上版时，奉警厅电谕，禁止登载，改排他项消息不及，故留空白于此。'这天的报纸发出后，满城风雨，《世界晚报》电话由5时左右至深夜，响个不止，都是问这项空白是什么？吴佩孚被刺吗？山海关崩溃了吗？于此证明空白之扰乱人心，较任何新闻为甚。报纸上留空白，后来叫'开天窗'，似是我发明的。"以上见《龚德柏回忆录》第七章《世界晚报时代》，第117—118页。又据刘家林编《成舍我编年纪略》，"到10月18日晚，《世界晚报》终于被警察厅封闭"，见《报海生涯——成舍我百年诞辰纪念文集》，第290页。
18　成舍我：《报学杂著》，台北中央文物供应社，1956年。
19　敖智宁：《永远的年轻人》，载《大华晚报》1976年10月27日。
20　敖智宁：《永远的年轻人》。

风义平生师友间

——清华四大导师的交谊

邵盈午

清华四大导师的关系问题，是一个相当有趣的学术话题。

如今，有关清华四大导师的关系，最为人们所熟知的，便是梁启超极力举荐陈寅恪的那段"学坛佳话"。

1925年春，刚应聘主持筹建国学研究院的吴宓和甫任国学院导师的梁启超先生，分别向清华学校校长曹云祥竭力推荐陈寅恪（其时，陈氏虽然被留德的中国学生誉为"我国最有希望的读书种子"，但在国内识其姓名者却极为有限；毕竟，以资格或者文凭品衡人才在当时已然成为一种社会风气）。于是便出现了下面的戏剧性对话：

曹云祥问："他是哪一国博士？"

梁启超答道："他不是学士，也不是博士。"

曹云祥又问："他有没有著作？"

梁启超应曰："也没有什么著作。"

曹云祥摇了摇头说："既不是博士，又没有著作，这就难了！"

梁启超一听这话，顿呈不悦之色，他情动于衷地说："我梁某也没有博士学位，著作算是等身了，但总共还不如陈先生寥寥数百字有价值。好吧，你不请，就让他在国外吧！"

这就是著名的"梁曹对"。事隔八十余年，我们仍能透过文字想见梁氏当年那种不容置辩、声色俱厉之态。

不过，气头归气头，人才还须力荐。本着推毂的初衷，梁启超和吴宓还是耐下心来，详细地向曹云祥介绍陈氏其人其学，以及柏林大学、巴黎大学几位名教授对陈氏的一致性推重。与此同时，王国维、赵元任亦对陈氏大力举荐。曹云祥听罢，没再表示异议，最终破格同意聘请。[1]

"最终破格"四字，是笔者进行"历史陈述"时的一种省笔，其具体的落实过程绝非如此简捷。这一点仅从具体操作此事的吴宓当时日记中的"费尽气力"、"难哉"二语足可揣度。如今，学术圈子中经常有人将此作为重实学轻文凭、"不拘一格降人才"的"今典"甚至"熟典"挂在嘴边，那可就真有点过于"想当然"了。

那么，陈氏受聘清华的背后究竟有着什么样的隐情呢？

这仍要先从清华国学院的其他几位导师谈起。在"四大"中，除赵元任一人持有哈佛大学博士学位证书外，王、梁皆无博士、硕士甚至学士头衔[2]，可谓"披褐怀玉"之士，但他们著述惊人，飙名四海，是当时学界公认的大师。至于陈氏，情况则大为不同。他在国外留学近二十年，该学的东西皆已到手，可就是缺少一顶金光闪闪的博士帽；加之他当时尚无王、梁那样的赫赫名声，故尔给吴宓带来了诸多具体操作上的难度。[3]若无王、梁、赵等人的鼎力相荐，仅凭吴宓一人之力，纵令"费尽气力"，能否获得"最终破格"的结果，亦未可知。[4]

那么，清华三大导师王国维、梁启超、赵元任为何如此看重陈氏呢？这似乎要从他们之间的"历史渊源"说起。

梁启超与义宁陈家曾为旧识，且与义宁陈家三代（陈宝箴、陈三立、陈衡恪）私谊笃厚，殊非一般。[5]至于赵元任与陈氏之关系，也颇有渊源。[6]由于这样一些特殊关系，梁启超、赵元任如此力荐陈氏也就理有固至势所必然了。

值得注意的是，在清华四大导师中，王国维一向潜心治学，不擅交际，却惟独对陈氏入清华园一事热心有加，极尽推毂之能事。这显然亦非空谷来风，兹缕述如下。

王国维与陈氏又皆沐受过晚清大儒沈曾植的光霁，陈氏后来所从事的一些"特色专业"如梵文、西北史地、蒙古史研究等，皆受沈曾植影响所致。正是由于沈曾植的引荐，王国维得与陈家父子相识，关系日益契密。在王国维的晚年，陈氏可以说是他的最后一位知己。他们二人的"交往史"，大概可追溯到1915年。在这一年，经罗振玉介绍，王国维结识了心仪已久的沈曾植，而陈氏与王国维的相识相交，大致即在此时。几年后，陈氏去巴黎拜访法国汉学家伯希和时，身上即带有王国维写给伯希和的介绍信。1922年，王国维被北京大学聘为通讯导师。次年，由于蒙古贵族升允的举荐，深居紫禁城的废帝溥仪征召他为清宫南书房行走，食五品俸禄。就在这一年，他的代表作《观堂集林》问世，士林腾誉。1925年7月8日9时许，刚到清华园报到的陈氏在吴宓的陪同下拜望了王国维。这两位久别重逢的旷世奇才，在清华园又开始了亲密的交往。

以年齿论，王国维比陈氏大十三岁；以著述论，王国维此时已是著作等身、名满天下。

而陈氏刚从海外归来，尚无著作发表。但王国维丝毫不以此自居，他以一个学者的睿智目光，认定陈氏是一颗必将在学坛上大放光华的巨星，所以，平时对他关怀备至。从这个意义上说，陈氏是幸运的，他刚到清华园就结上这个学富德醇的良师益友。

对于王国维，陈氏更是敬重有加。明人袁中道有诗云："人生贵知心，定交无暮早。"（《德山别杨西来》）他们在清华园共事虽不到一年，却肝胆相照，情逾骨肉。个中缘因，固非止一端。但学术理念与文化精神的趋同与共鸣，无疑是一大要因。

陈氏一向赞同张之洞"中学为体，西学为用"的主张，所谓"中西体用资循诱"[7]。他屡屡批评学人以外来文化系统附会本位文化，如致刘文典信中，直言《马氏文通》以西洋文法格义中国语文，"文通，文通，何其有通如是耶？"又如在为冯友兰所著《中国哲学史》所作的审查报告中，虽未指名道姓，却显然是在讥讽曾著中国哲学史、喜谈墨学又大力从事整理国故的胡适。理由无非都是本位文化尚多未解决疑问，而遽以西洋哲学观念系统之。

而王国维的看法亦与陈氏趋同，他认为西学固然有胜过中国传统文化的地方，中国文化也必须接受西学才有生气与活力；但是，中国文化也有其自身的特性，外来文化思想一定要经过改变，才能适应中国的环境而产生作用，才能与中国本土文化相融合而影响世道人心，故曰外来文化思想"即令一时输入，非与我中国固有之思想相化决不能保其势力"[8]。在王国维看来，印度佛教在六朝时的输入，是中国文化思想接受外来文化影响的第一个时期。佛教东来，使"学者见之如饥者之得食,渴者之得饮",打破了"自汉以后儒家惟此抱残守缺"和"吾国思想凋敝"[9]的僵滞状态,给中国文化注入新的活力,促成六朝思想文化出现繁荣的景象。而晚清西学的输入,则是中国文化思想接受外来文化影响的第二个时期。陈氏则借佛学阐析外来文化"输入之后,若久不变易,则决难保持。是以佛教学说,能于吾国思想史上,发生重大久远之影响者,皆经国人吸收改造之过程"[10]的道理,显然亦与王国维同一机杼。此二人可谓尽挹清代乾嘉学派治学的真髓,又得益于西方近世学术思潮;尤其是,此二人又皆从德国近、现代学术思潮中吸取营养,其治学取径如此一致者,并世乏俦。

在治学态度上,他们都坚持学术独立和思想自由的人文精神。王国维认为"学术之发达,存于其独立而已"[11]。他并不反对谈政治,"言政治则言政治已耳",但反对将学术变成政治的仆从,变为一种驭人之"术"。同时,王氏又鄙薄功名利禄,尤为鄙弃统治者所谓"以官奖励学问",因为这势必导致学者官僚化,最终将"剿灭学问"[12]。基于此,他极力主张值此"研究自由之时代,而非教权专制之时代"[13],学术研究当以探求真理为唯一目的而独立发展。王氏的治学态度充分体现了学人的良知,是他不断拓展学术研究领域,取得丰硕学术成果的重要原因之一。不消说,王氏的这种治学态度,对甫执教鞭、正准备在学术上有所建树的陈氏来说,影响綦巨。他后来在《王观堂先生纪念碑铭》中对此作了系统而又深入的阐发。

王国维和陈氏从不囿于已谙之学,对尚未掌握的、或者虽已掌握但还薄弱的知识更是孜孜以求。王国维的甲骨文研究水平,堪称一绝。所以他的考古学和上古史研究,运用殷墟文字资料来探求、论证上古历史文化的真相,创获极大。他在研究辽、金、元史及佛教史和西北边地史时,"其考据之精,可与乾嘉大师并美,即关于蒙古史著作亦极精确。惟王氏只通日文,故其关于元代著作,或是利用我国原有资料互校,或利用日人转译欧洲学者著述,未能用直接史料也。"而陈氏虽通晓多种文字,但当时尚未掌握甲骨文,不能像王国维那样阅读用甲骨文等古文字写成的上古史文献,故云"寅恪不敢观三代两汉之书"。[14]

基于大致相同的学术渊源、治学态度、治学途径、治学方向,二人时与切磋,互相启发,自属常理之中。俞大维谈到此二人在语言文字方面互相影响的情况时曾言："王氏对寅恪先生的影响，是相得益彰的；对于殷墟文字，他受王氏的影响；对梵文及西域文字，则王氏也受他的影响。"事实确亦如此，正是由于王氏虚心向陈氏请教，才弥补了自己对梵文及西北兄弟民族文字知识的不足；而陈氏亦有赖王氏指点，才多掌握了一门研究中国历史的工具：甲骨文。公正地说，陈氏进清华园以前还处在求知识的阶段，任清华教授后，才真正进入研究学术的阶段。1934年，陈氏在《王静安先生遗书·序》中，高度评价王国维的学问，"先生之学博矣，精矣，几若无涯岸之可望，辙迹之可寻"，并把王氏的治学方法概括为三点："一曰取地下之实物与纸上之遗文互相释证"；"二曰取异族之故书与吾国之旧籍互相补正"；"三曰取外来之观念，与固有之材料互相参证。"他高度赞扬王氏的学术成就"足以转移一时之风气，而示来者以轨则"，王氏的著作"为吾国近代学术界最重要之产物也"。以上所言，虽系针对王氏之治学方法和学术成就而发，却亦大可移评于陈氏本人。

1930年，国学研究院停办。陈氏任中文与历史系合聘教授。在这一时期，陈氏是将自己在国外求学二十多年，掌握的十多种语言，特别是少人问津的古代东方语言直接运用于自己的学术研究中。用他自己的话说，是取地下之实物与纸上之遗文互相释证，取异族之故书与吾国旧籍互相补正，取外来之观念与固有之材料互相参证，此言看似对王国维治学方法的总结，却也道出了陈氏自己的学术路径。

气质相似、个性相近，亦为王国维与陈氏相知甚深的一大要因。一种内向、执著、敏感而又伤感的诗人气质，使他们心志相近，灵犀相通。此外，他们对中国传统文化皆存一种特殊的深挚感情，常将自己视为传统文化的"托命者"，故格外恪守伦理纲常，且都带有不合时宜的"遗老情结"。

在相熟的朋友眼中，王国维"平生的交游很少，而且沉默寡言，见了不甚相熟的朋友是不愿意多说话的，所以有许多的人都以为他是一个孤僻冷酷的人。但是其实不然，他对于熟人很爱谈天，不但是谈学问，尤其爱谈国内外的时事。他对于质疑问难的人是知无不言，言无不尽。偶尔遇到辩难的时候，他也不坚持他的主观的见解，有时也可以抛弃他的主张，真不失真正学者的态度"[15]。那么，陈氏呢？冯友兰说他"性情孤僻，很少社交，所选功课大都是冷门"[16]。在同事、朋友和学生的记忆中,陈氏确系一介纯儒,清介自持、鄙薄名利、甘于淡泊、笃守信义、待友诚恳,对学生热情并带有几分幽默感。在陈氏进清华园之前,王国维虽名满天下,但知己寥寥;加上晚年与罗振玉的龃龉,感情上又经历了一番大折腾,心境殊为落寞,而此时与陈氏相识,且声应气求,共为唇齿,大有相见恨晚之感;陈氏无疑是王国维在生命的最后岁月中真正能够倾诉衷肠、肝胆相照的知交。"十年学问十年浅,一日交情一日深。"随着交往的深入,一种"人生得一知己足矣"的共同认知,使他们真正达到"心有灵犀一点通"的地步(彼此的坦诚、信赖、关切,实堪谓"肝胆相照");尽管在后来的学术交流中,他们个人之间也曾进行过激烈争论,如陈氏认为,在王国维的学说中,也有错的,像关于蒙古史上的一些问题;陈氏皆一本至诚,据实指出[17],王氏对此则谦怀虚受,心中绝无芥蒂——这种善意的锋芒相对,加深着他们之间心灵上的交往。

  王国维的自沉,对陈氏来说,不啻是一个相当残酷而又必须面对的悲惨事实——因为他不仅是死者的挚友,而且还受死者之托处理善后事宜。[18]据吴宓当天日记载,陈氏不但亲自送殡,而且在祭奠时,"宓随同陈寅恪行跪拜礼,学生等亦踵效之"。[19]陈氏恪守传统礼节,居然行如此大礼,足见王国维在其心目中的特殊分量。在《王观堂先生挽词》中,陈氏甚至写下"更期韩偓符天意"之句,借以委婉地宣达希望王氏不死的作意。[20]

  王国维自沉后,社会上对他的死因议论纷纷,莫衷一是。以论关系,陈氏与王国维可谓"平生风义兼师友",岂能缄口不言?况且,对王国维自沉前的心理活动,陈氏亦远比其他人更为了解。[21]从相关文本看,陈氏坚持认为,王国维的自沉,与"殉清"不无干系,故在《挽王静安先生》诗中有"赢得大清干净水,年年鸣咽说灵均"之句,且在挽联中申足此意:"十七年家国久魂销,犹余剩水残山,留与累臣供一死;五千卷牙签新手触,待检玄文奇字,谬承遗命倍伤神。"

  但"殉清"决非王国维自沉的唯一原因。对此,陈氏显然看到了王国维处在新旧嬗替之际,为中国传统文化守节的大悲苦——"渺渺香魂安所止,拼将玉骨委黄沙",这是一个终生用生命呵护文化的先哲带有强烈悲剧色彩的"生命形式",一种对文化主体"生于末世运偏消"的忧叹,一种对文化客体"无可奈何花落去"的悲恸。有鉴乎此,陈氏在《王观堂先生挽词·序》中,进一步痛切陈词——

或问观堂先生所以死之故。应之曰：近人有东西文化之说，其区域分划之当否，固不必论，即所谓异同优劣，亦姑不具言；然而可得一假定之义焉。其义曰：凡一种文化值衰落之时，为此文化所化之人，必感苦痛，其表现此文化之程量愈宏，则其所受之苦痛亦愈甚；迨既达极深之度，殆非出于自杀无以求一己之心安而义尽也。吾中国文化之定义，具于白虎通三纲六纪之说，其意义为抽象理想最高之境，犹希腊柏拉图所谓IDEAF者。若以君臣之纲言之，君为李煜亦期之以刘秀；以朋友之纪言之，友为郦寄亦待之以鲍叔。其所殉之道，与所成之仁，均为抽象理想之通性，而非具其所依托以表现者，实为有形之社会制度，而经济制度尤其最要者。故所依托者不变易，则依托者亦得因以保存。吾国古来亦尝有悖三纲违六纪无父无君之说，如释迦牟尼外来之教者矣，然佛教传播衍盛昌于中土，而中土历世遗留纲纪之说，曾不因之以动摇者，其说所依托之社会经济制度未尝根本变迁，故犹能藉之以为寄命之地也。近数十年来，自道光之季，迄乎今日，社会经济之制度，以外族之侵迫，致剧疾之变迁；纲纪之说，无所凭依，不待外来学说之掊击，而已销沉沦丧于不知觉之间；虽有人焉，强聒而力持，亦终归于不可救疗之局。盖今日之赤县神州值数千年未有之巨劫奇变，劫尽变穷，则此文化精神所凝聚之人，安得不与之共命而同尽，此观堂先生所以不得不死，遂为天下后世所极哀而深惜者也。至于流俗因怨荣辱委琐龌龊之说，皆不足置辨，故亦不之及云。

显然，陈氏是从王国维身上发现了"我"，又把"我"的气质、意念灌注到王国维身上。设若没有这种灵犀相通的内心默契，精神气质的微妙遘合，是绝难产生这种生命的共感现象的。在这里，有几点非常值得注意：一是将"三纲六纪"之说视为中国文化的根本精神，以为其大似柏拉图的理念，是"抽象理想之通性"；二是认为此纲纪理想乃以传统社会制度尤其是经济制度为依托，近代以来，由于社会经济制度变化綦巨，故原有的"理念"、"范型"因失去了固有经济制度的支撑,不论"为此文化所化之人"如何"苦痛",皆无可避免地归于销沉沦丧;三是认定王国维既为"此文化精神所凝聚之人,安得不与之共命而同尽"。从这里,我们不难寻绎出陈氏对王国维自沉深层原因的阐发。此言一出,顿奠群哗。

王国维的"自沉",使陈氏深深地领受到生命本身的惨酷与悲壮,亦使他深感将此文化使命终身以任的艰巨。如果说,王国维对此是以身殉,那么,陈氏则是以道殉。以身殉固难,须有重死轻生的血气之勇;而以道殉尤难,须恪守一生而不移。此后,以"独立自由之意志"自期,把学问当作存亡继绝的神圣事业罄力以求,遂成为陈氏那极其复杂的性格中的一种主导情志。在《王观堂先生挽词》中,陈氏曾讽刺梁启超:"旧是龙髯六品臣,后跻马厂元勋列。"在《王观堂先生挽词·序》中论及三纲时,则云:若以君臣之纲言之,君为李煜亦期之以刘秀,以朋友之纪言之,友为郦寄亦待之以鲍叔。[22]

应当指出,作为心娴群籍的大学者,陈氏固知现代中国社会的价值观念已因制度的剧烈变迁而呈混乱状态,但他最痛恨的便是知识分子利用双重道德标准而左右逢源。早在1919年,陈氏便明示过一段为吴宓所称引并对其产生了重大影响的话:"昔贤如诸葛武侯,负经济匡时之才,而其初隐居隆中,啸歌自适,决无用世之志,'苟全性命于乱世,不求闻达于诸侯'。及遇先主,为报知己,乃愿出山,鞠躬尽瘁。岂若今之插标卖首者,盛服目炫,'ADVERTISEMENT'。事攘权位,本自无才,徒以偾事,……决不能用我所学,只能随人敷衍,自侪于高等流氓,误己误人,问心不安。"[23]陈氏还强调,可经商、从教,以为谋生,"而决不可倚学问以谋生,道德尤不济饥寒"。本乎此,陈氏始终恪守"独立之精神,自由之思想",并以此作为维系精神的人生信仰;正是这一信仰,实实在在地支撑起陈氏的全部生活。

1929年6月2日,为纪念王国维去世二周年,清华国学研究院师生集资,由梁思成设计,林志钧书丹,马衡篆额,建立"海宁王静安先生纪念碑"。研究院二期学员刘节等约请陈氏撰写碑文,陈氏慨然应允。碑文的主体部分如下:

  士之读书治学,盖将以脱心志于俗谛之桎梏,真理因得以发扬。思想而不自由,毋宁死耳。斯古今仁圣所同殉之精义,夫岂庸鄙之敢望。先生以一死见其独立自由之意志,非所论于一人之恩怨,一姓之兴亡。呜呼!树兹石于讲舍,系哀思而不忘。表哲人之奇节,诉真宰之茫茫,来世不可知者也。先生之著述或有时而不章,先生之学说或有时可商。唯此独立之精神,自由之思想,历千万祀,与天壤而同久,共三光而永光。[24]

陈氏在着重强调的,是王国维之死所体现的"哲人之奇节",是与天地同光的传统文化精神——"斯古今仁圣所同殉之精义"。对于"士"而言,尽管献身于真理的具体方式因历史条件的限定而各有不同,但却殊途同归,均体现出了一种永恒而普遍的精神价值——也就是所谓摆脱俗谛,阐扬真理,精神独立,思想自由。

在陈氏的语境里,这正是王国维学术品格的灵魂,也是他本人不断诉求的不朽精神之意涵所在。从这个意义上说,陈氏所撰碑铭既是挽人,亦是自勖。从陈氏的平生践履看,无论在何时、何地、何种情况,他都保持着这种卓然独立的学人人格。他在碑铭中虽云"谨举先生之志事,以普告天下后世",但因他所阐扬的治学品格、人文追求,不仅切合于王国维,亦融涵进自己的崇尚所在,充分体现出他本人对学术研究的终极关怀,故可断言,此时陈氏的人文精神已然成熟;尤其可贵的是,陈氏不但知行合一,在生活和治学中身体力行,而且深冀在他的弟子身上。

说到四大导师的交谊,不能不顺带论及梁启超与王国维的关系。在国学研究院的四大导师中,梁氏以学识广博,著述丰赡且口若悬河、慧辨无碍见长,非深知者或以为他必倨傲自负,其实不然。例如当时学界在品衡清华国学院"四大导师"时,对梁氏与王国维究竟谁居首席,轩轾不一。而梁氏本人在与学生的一次公开谈话中声称:"……教授方面,以王静安先生为最难得。其专精之学,在今日几为绝学,而其所谦称未尝研究者,亦且高我十倍。……加以脑筋灵敏,精神忠实,方法精明,而自己又极谦虚,此诚国内有数之学者。故我个人亦深以得与先生共处为幸。"[25]

1926年3月,清华学校国学研究所准备招收第二期学生之前,办公室主任吴宓便请王国维、梁启超和赵元任三位导师拟定相关考题。按说，无论是论年龄、地位还是资望及领导能力，能言善辩的梁启超都当之无愧地应该名列首位，而梁启超却对三十年前就仰慕自己大名而到《时务报》"谋生"的王国维谦让有加，并竭力向校方举荐王国维为研究所的首席导师，自己则自愿退居于王国维之后，即此一端，足征梁氏对王国维其人其学的服膺之忱。

不惟如此，梁启超在教学过程中，凡遇到学生执经问难时，总爱说上一句"可问王先生"。作为具有国际声望的国学大师，梁启超在学生面前一再表示："尤以诸君（按：指与谈之学生）向学亲师（指王国维——引者），勿失此机会也。"[26] 王国维自沉后，梁氏泣撰一幅挽联，内云："其学以通方知类为宗，不仅奇字译鞮，创通龟契；一死明行已有耻之义，莫将凡情恩怨，猜拟鹓雏。"可谓知音之言。与此同时，梁氏又为《王静安先生纪念号》撰写序言，缅怀和扬励王国维的学术贡献。在给自己的女儿梁令娴的信中，梁氏曾盛赞王国维的学术成就道："此公治学方法，极新极密，今年仅五十一岁，若再延寿十年，为中国学界发明当不可限量。"在《王静安先生墓前悼辞》中，梁启超情动于衷地言道："近两年来，王先生在我们研究院和我们朝夕相处，令我们领受莫大的感化，渐渐成功一种学风，这种学风，若再扩充下去，可以成功中国学界的重镇。"

在四大导师中，陈氏与赵元任均属"后学"，特别是陈氏，一向将梁、王二巨子视同长辈，谦恭有加。以故，当吴宓向几位导师请教拟定考试题目时，陈氏总是坚请梁、王二位定夺。而居住在城内的梁启超又总是函请王国维出题，然后两人再讨论商定。于是，以王国维素有的认真负责的行事态度，当他接到梁启超的信件后，不仅迅疾拟就考题，并主动寄给梁启超与其协商。请看梁启超的复函：

> 尤惧者有天才至美而与考题前所发问者漏缺注意，则交臂失之深为可惜。鄙意研究院之设，在网罗善学之人，质言之，则知治学方法而其理解力足以运之者，最为上乘。今在浩如烟海之群籍中出题考试则所能校验者，终不外一名物，一制度之记忆。幸获于遗珠，两皆难矣。鄙意于采一变通方法，凡应考人得有准考证者。即每科指定一两种书，令其细读，考时即就所指定之书出题，例如史学指定《史通》、《文史通义》

或《史记》、《汉书》、《左传》皆可。考时即在书中多问难，则其人读书能否得闻最易检验，似较泛滥无归者为有效。若虑范围太窄，则两场中一场采用此法，其他一场仍泛出诸题，以觇其常识，亦未始不可。[27]

惜乎王国维那些关乎拟定考题的原信，今已散佚；我们只能透过梁启超的复信略窥个中内情。

考察四大导师的关系，我们还会发现，由于政治态度与学术旨趣的不同，他们之间也会有疏远与合离的趋向，这具体反映在赵元任与王国维的关系上。据载，王国维自沉后，清华国学院师生曾为其集资修建纪念碑，但赵元任拒绝出钱。[28]究其因，主要是政治态度使然。在赵元任看来，王国维不仅政治上保守（民国以后一直蓄辫），在学术上也很难使人悦服。作为受过西方严格的学院教育与学术训练的赵元任，一直从事着现代语言学研究。以他的学术眼光衡之，显然难以服膺王国维学问的价值。同样受过西方严格的专业训练的哈佛博士、国学院讲师李济亦持有同感，他尝谓："他对近代考古学虽能了解它的重要，却感觉得与他自己研究的范围仍有些距离；所以他虽以利用新材料而对古文字学有若干极新颖的见解，对于古器物的处理，他以为这一类的著作仍应该奉《博古图》及《考古图》为准则。"[29]

显而易见，在李济（包括赵元任）这类哈佛博士眼中，惟有语言学、考古学、哲学这样的符合现代学术体制的东西，才是"真正之学问"。以故，他们对国学研究院的前景并不乐观。当钱端升主张取消国学研究院，改办大学研究院；教务长张彭春等人提出研究院应办成与大学相衔接的多学科研究院的主张时，立即得到赵元任、李济等人的积极赞同。在他们看来，只有尽快建立与国际接轨的大学体制，包括设立语言、历史、哲学、考古、人类学、社会学等科系，才是学术发展的正途。如果我们立足于这一学术背景，再来揆诸赵元任与王国维的关系，便足可断言，他们之间的疏离，实非出于个人恩怨，而主要是不同的学术旨趣使然。

至于陈氏与赵元任的关系，早已广为人知。兹略举其荦荦大端而言之。

早在1923年底,毛子水抵达德国柏林,傅斯年从英国前来与其聚晤,他不胜倾慕地对阔契已久的好友言道:"在柏林有两位中国留学生是我国最有希望的读书种子,一是陈寅恪,一是俞大维。"其时,清华国学研究院正在紧锣密鼓地筹办之中,清华学校教务长张彭春(字仲述)于1925年上半年驰函正在美国哈佛大学教书的赵元任,拟请他回清华国学研究院作教授。赵先生向他所在系的系主任表明了离开哈佛到清华教书的意愿。系主任说:"你一定要回国,必须找到相当资格的人来代替。"闻罢此言,赵元任在脑海中的第一闪念便是陈氏。在赵元任看来,当时的中国留学生中,只有陈氏的水平能代替他。于是,迅疾驰函在柏林大学的陈氏,征求意见。讵意陈氏在回信中却幽了赵元任一默,并婉辞道:"我不想再到哈佛,我对美国留恋的只是波士顿中国饭馆醉香楼的龙虾。"[30] 此虽戏言,但隽简有致,言下还颇有轻视美国学术之意。[31]

上个世纪20年代,留学欧洲的学生大多涉足声色犬马,据赵元任夫人杨步伟回忆:"那时在德国的学生们大多数玩的乱的不得了,他们说只有孟真(傅斯年)和陈寅恪两个人是宁国府大门前的一对石狮子。"[32] 由于国内时局动荡,官费停寄,陈氏生计维艰,生活窘迫,惟以干面包果腹,身体日渐羸弱,犹自手不释卷。一次,陈氏与俞大维请赵元任夫妇观看德国歌剧,他们买好票将客人送至剧院门口便欲回转,杨步伟甚感蹊跷,待启口发问,陈氏才如实答道:"我们两个人只有这点钱,不够再买自己的票了,若要自己也去看,就要好几天吃干面包。"[33] 此事给了赵元任夫妇以至深的铭感,逮至晚年,犹不能去怀。

国学研究院成立后,赵元任与陈氏先后出任导师。赵元任夫妇在生活上给予陈氏以无微不至的照拂,这在前面已经言及,兹不赘述。

陈氏与赵元任音问固勤,形骸固密,但在学术旨趣上却各不相侔。陈氏对庚款留美学人的评价一直较差,屡屡批评他们以外来文化系统傅会本位文化。如他在写给刘文典的信中,直言《马氏文通》以西洋文法格义中国语文,所谓"文通、文通,何其不通如是耶?"[34] 又间接批评了胡适所写的《尔汝篇》、《吾我篇》。他私心推崇的,还是治学均求通解而力戒傅会格义的王国维。尽管如此,但学问归学问,交情归交情,治学理念的不同并不妨碍他们彼此的密切交往。

1945年8月,日本投降,陈氏乘兴赋诗一首,题为《乙酉八月十一日晨起闻日本乞降喜赋》,内云:"降书夕到醒方知,何幸今生见此时。闻讯杜陵欢至泣,还家贺监病弥衰。国仇已雪南征耻,家祭难忘北定时。念往忧来无限感,喜心题句又成悲。"

战后,陈氏夫妇应英国皇家学会之约,赴英治疗目疾。初由成都搭航机去昆明,再经印度乘水上飞机去伦敦。但英医对其目疾并无良术,终告束手。1946年4月,陈氏双目完全失明,遂辞去牛津首席汉学教授一职。旋又赴美就医,于船上接到医学报告,即知美医亦无良策,遂决定不登岸。当时赵元任夫妇在岸上等候已久,得知此讯,迅疾上船探视。睽违多年,一朝晤对,似幻似真,形同梦寐,万般感慨竟无从说起。据相关资料显示,陈氏初闻赵元任夫妇之呼声,顿然悲梗,过了良久才开始谈话。

时隔三十五年,赵氏再次归国;这位年轻时就写过"去国不久的人,不懂得思恋故土的深情"的"语条儿"的老人,几乎将全部的日程都用来寻访故园、故乡、故校和故知。1981年6月中旬,大概是他归国后的第四天,赵氏来到清华,由刘达校长陪同畅游故园。几天后,老人却支开亲属和陪同人员,孤身来到清华园,在当年的故居照澜院(旧南院)一、二两号久久徘徊。回忆之潮,一时自心底涌起。至于这位感情丰富、饱经沧桑的老人究竟想了些什么:凭吊?留恋?发思古之幽情?落叶归根?[35]如今都已无从揣测,但可以肯定的是,他一定会回忆起那些发生在清华园的云水万千的往事,回忆起与他朝夕相处、夜雨联床的陈寅恪以及他所尊敬的梁启超、王国维……想着想着,不禁老泪纵横!

这一刻,正是赵氏与当年清华二璧(梁启超、陈寅恪)之间坚逾金石的深厚友谊的最好诠释。

最后,有必要简述一下陈氏与吴宓的关系。

陈氏初入清华园,新雨新知,相与甚得。但若论交谊,当以吴宓最为笃深。一向自负的陈氏,之所以将吴宓视为平生唯一的知己,恐怕并不在于他们之间的聚晤之勤(从经历上看,二人哈佛同窗、清华共事、联大流亡、燕京授业,交往长达五十年之久,形同管鲍),而在于他们有着相近的人生体验,和共同的文化理想追求。吴宓曾慨乎言道:"至道终难求众解,横流只合问吾身。"窃以为陈氏如果读到这两句诗,想必会"相视一笑,莫逆于心"吧。至于吴宓,则始终将陈氏视为"虽系吾友,而实吾师",而陈氏对吴宓亦亲逾骨肉兄弟,并在诸多方面竭尽所能给予吴宓以切实的助益。

主编《学衡》杂志,是吴宓留美归国后的重要事业。该杂志以"论究学术,阐求真理,昌明国粹,融化新知"为宗旨,坚持整理国故,"以见吾国文化,有可与日月争光之价值";对于西学,"则主博极群书,深窥底奥。然后明白辨析,审慎取择"。平心而论,《学衡》的办刊宗旨,不失为一种研究学术的切实可行的主张。

该杂志自1922年1月创刊,至1933年因经费问题而终刊,吴宓一直担任主编;即使受到鲁迅等人的严厉批评,亦未改变其办刊方针。受聘为清华国学研究院主任后,吴宓仍未忘情于这个刊物。在他的惨淡经营下,《学衡》在海内外学术界颇有影响。欧洲一些东方文化研究专家和汉学家,如庄士敦(英国)、伯希和(法国)等就是该刊的长期订户。陈氏的学术主张与吴宓基本一致,故对吴宓情所独钟的这一学术刊物,罄力以助。《学衡》于1923年第20期上刊载的《与妹书》,为迄今为止所发现的陈氏公开发表的第一篇论学文字。陈氏到清华后,一如既往地大力支持《学衡》,曾将著名的《王观堂先生挽词并序》、《与刘叔雅教授论国文考试题》等重要诗文送交《学衡》发表。1928年3月,正当《学衡》经济困难之际,陈氏又雪中送炭,将汪愚祖汇还的五十元钱,悉数捐出,以作办刊之用。

课余之时,陈、吴二人或一道散步清华园,或相携访友;或纵谈国事,议评校事,或谈诗论文,穷究事理。吴宓常将自己所作诗文呈请陈氏批正,陈氏遂坦直地指出诗中瑕疵,所言皆切中肯綮,吴宓无不折服。兹仅拈举一例:1928年6月初,陈氏读罢吴宓的新作《落花诗八首》,直言这八首诗的缺点大抵有二:"一、中有数句,不甚切落花之题。二、间有词句,因习见之故,转似不甚雅",并建议吴宓"大约作诗能免滑字最难。若欲矫此病,宋人诗不可不留意。因宋人学唐,与吾人学昔人诗,均同一经验,故有可取之处。尊意如何……大约用原意而将词句再修饰一番,即可称完善之作"。[36]不惟如此,陈氏还屡劝吴宓摆脱俗务冗事之纠缠,潜心读书治学。陈氏结婚后,他们仍时相聚首,相与论学,这种讨论一直坚持到1940年代。

时光转轮而去,逮至今天,我们对这些古风犹存的大师,虽只能作"今之视昔"般的"遥想",但他们那种险夷不变的交谊,脱略名利的慕道向学,纯净无瑕的至性深情,仍使我们不胜神往。他们的学问,"或有时而可商";他们的治学取径,"或因人而不同";他们的性格,"或秉气寡所谐",但他们之间却有着诸多"共同的话题"、"共同的宗尚",有着神圣高远的人文追求,虽时殊世异,苍黄翻覆,然引领风骚,独开新面,其致一也。由大师们所共同构成的关系网络,其本身就足以勾勒出一个时代的精神宗尚与学术走向。正是他们的卓绝努力,完成了从古代向近代的艰难学术转型。而他们彼此之间那种足堪矜式的圣洁情谊,亦足以启导我们对当今大学中日趋浇薄的人际关系作出深刻省察。

注 释

1 陈哲三《陈寅恪先生轶事及其著作》,载台湾《传记文学》1970年16卷3期。

2 梁氏的所谓"文学博士"则是他出任清华国学院导师后由美国耶鲁大学赠予的荣誉性学位,并不具有证明学历的意义。

3 相比之下,李济进清华的情况就大不一样,因他有哈佛博士的头衔,运作起来就轻易得多。李济后来坦诚地言道:"学位不关重要,可有可无。惟社会上做事,有学位者稍占便宜耳。"(见王世民《傅斯年与夏鼐》,载《傅斯年与中国文化》,布占祥、马亮宽主编,天津古籍出版社,2006年版。)著名学者萧公权先生对此亦颇有同感,他一方面对陈氏备极称扬,一方面也坦言他对"学位"问题的真实看法,他认为:"其实学位只能表示一个学生按部就班修完了'最高学府'规定的某种课程,而未必表示他的真实学问。……真有学问的人绝对不需要硕士、博士头衔去装点门面。不幸的是有些留学生过于重视学位而意图取巧。他们选择学校、院系、课程,以至论文题目,多在避难就易。他们得着了学位,但所得的学问却打了折扣。不幸的是另有一些人在国外混了几年,回国后自称曾经由某大学授予某学位。他们凭着假学位做幌子,居然在国内教育界或其他事业中混迹。"(《问学谏往录》,台湾《传记文学》,1972年1月。)

4 吴宓在推荐陈氏的同时,还推荐了柳诒徵、汤用彤等人,皆饱学之士,各擅胜场,但他们就没有陈氏那样幸运。身为教务长的吴宓确实显得有点"人微言轻",真正"一言九鼎"的还是校长曹云祥。

5 从辈分上说,陈寅恪与梁启超介于师友之间,这似当从梁启超之师康有为谈起。康有为作为戊戌维新运动的领袖人物,从年辈上说,却要晚于陈宝箴,而与其子陈三立年齿相若,辈分相同。康、陈两家究竟关系若何,要弄清楚并非易事。可寻出蛛丝马迹的是,陈氏在1958年(旧历戊戌年)康有为百岁生日时,撰有《南海世丈百岁生日献词》。因同年陈氏获悉康有为之女康同璧在北京寓所设祭,故有赋诗之举。但陈诗写罢为何不投寄,恐怕又是一个无人能解之谜了。

6 若论渊源,陈、赵二家堪称世交。陈寅恪之父三立老人同赵氏夫人杨步伟的祖父当年亦为好友,契密无间。那时陈三立常携寅恪兄弟去杨家,三立老人同杨步伟的祖父谈诗论文。杨步伟的祖父就叫她陪寅恪兄弟到塘边钓鱼玩。那时他们都不过十一二岁的年纪。缘于这层关系,如今彼此朝夕相处,情逾昆仲。

7 《王观堂挽词并序》,《陈寅恪诗集》,清华大学出版社,1993年,第10页。

8、9、11《论近年之学术界》,《王国维遗书》第5册之《静安文集》,上海古籍出版社,1983年。

10《金明馆丛稿二编·冯友兰〈中国哲学史〉审查报告(下)》。

12《静安文集续编·教育小言十三则》,上海古籍出版社,1983年。

13《静安文集续编·奏定经学科大学文学科大学生章程书后》,上海古籍出版社,1983年,第36页。

14《金明馆丛稿二编·陈垣〈元西域人华化考〉序》。

15 殷南《我所知道的王静安先生》,述学社《国学月报·王静安先生专号》,1927年10月31日。

16《怀念陈寅恪先生》,《纪念陈寅恪先生诞辰百年学术论文集》,北京大学出版社,1989年。

17 如陈氏在《五胡问题及其他》的讲稿中,即举史证及考古证据,证明匈奴人并非王国维所认定的"高鼻深目",同时亦纠正了吕思勉误以羯人与匈奴为两部之误。

18 王国维在遗嘱中郑重向家人交代,"书籍可托陈、吴二先生处理"。书籍者,乃王国维生前最为珍爱之物,以此相托,足见王国维对陈、吴二位的高度倚重。而陈氏亦拳拳服膺于王国维的学问与人品,始终感激王国维的知赏,在《王观堂先生挽词》中,他尝用"风义生平师友间"来涵括他们之间这种"感惠徇知"的"君子之交"。

19 吴学昭《吴宓与陈寅恪·〈学衡〉与清华国学院时期》,清华大学出版社,1992年。

20 因韩氏的避地诗中有"偷生亦似符天意"之句。

21 王国维投水前一天(6月1日)下午,清华国学研究院举行第二届学生毕业典礼和师生叙别会。散会后,王国维随陈寅恪至南院陈家,两人还畅谈至傍晚。据吴宓日记载,在此之前的5月2日晚、12日晚、26日上午,都与王国维有过晤谈。

22《陈寅恪诗集·王观堂先生挽词·序》。

23 吴学昭《吴宓与陈寅恪·〈学衡〉与清华国学院时期》,清华大学出版社,1992年。

24《金明馆丛稿二编·清华大学王观堂先生纪念碑铭》。

25、26《清华周刊》,第352期,1925年9月25日。

27 转引自窦忠如《王国维传》,百花文艺出版社,2007年,第274页。

28 此从陈平原先生之说,参看《大师的意义以及弟子的位置——解读作为神话的"清华国学院"》,陈平原《大学何为》,北京大学出版社,2006年,第34页。

29《感旧录》,台北传记文学出版社,1967年,第95页。

30 赵元任《忆寅恪》,载《谈陈寅恪》,台北传记文学出版社,1978年。

31 费孝通在《留英记》中谈及他本人在留学英国时的20世纪30年代,"当时有一种流行的成见,认为真是要讲学术,最好到欧洲国家去留学,对于美国的学术水平,不太看得起。"(《费孝通域外随笔》,群言出版社,2000年,第261页)

32《杂记赵家》,辽宁教育出版社,1998年。

33《杂记赵家》,辽宁教育出版社,1998年。

34《与刘叔雅论国文试题书》,另见陈寅恪致傅斯年函(1932年8月17日)。分别见《陈寅恪集·书信集》,第158—165,42—43页。

35 据赵氏的学生王力先生透露,赵先生晚年打算回国定居,清华大学为此也曾作了必要的准备。

36 吴学昭《吴宓与陈寅恪·〈学衡〉与清华国学院时期》,清华大学出版社,1992年。

文事

"山药蛋派"今日谈

陈为人

一

提起赵树理、马烽等山西作家群，人们很自然地就会联想到"山药蛋派"。

1979年11月28日的《光明日报》上，评论家李国涛发表文章《且说"山药蛋派"》，这是山西作家群作为一个流派第一次公开见诸文字。自此，"茫茫九派流中国，沉沉一线穿南北"，"山药蛋派"横空出世，亮出了晋军的大纛。

三十年后，李国涛回忆说："本来，只要有文学，就会有文学风格文学流派，但当年正处于那样一个非常时期，由于过去几十年来我们政治生活中某些不正常因素的影响，人们有点谈'派'色变，不愿触及'派'这个字眼。宗派、右派、反动派、走资派，只要跟'派'沾上，几乎都没有好下场。文学流派也沾上'派'字，就忌讳让人与宗派小圈圈挂起钩来。建国三十年来，我们的理论文章虽然也常把文学风格与文学流派相提并论，但具体分析某位作家的文学风格有之，而具体谈一个文学流派的却非常罕见。也正是借十一届三中全会拨乱反正的春风，才敢把流派名正言顺地提出，这也正是百花争艳的一个体现。"从另一层意义上说，"山药蛋派"也可以说是十一届三中全会的产物。

据西戎夫人李英介绍，"山药蛋派"这一名号由来已久："早在'反右'的时候，范彪、张晓禹、陈仁友（山西文学界的几位'右派'文人），几个人在一起议论的时候说，他们都是一些土里土气的土豹子，能写出什么大气洋气的东西？也就是一些土得掉渣渣的'山药蛋'。'山药蛋派'是个贬词。"

1971年，马烽（左二）在西沟李顺达家乡。

在山西文学圈还有这样一种贬低的说法：在"山药蛋派"的笔下，土豆丝、土豆块，在锅里炒来炒去，还不是"一盘土豆土豆一盘"，再变，连碗土豆烧牛肉也端不出来，更别说土豆沙拉了。是李国涛"化腐朽为神奇"，赋予了"山药蛋派"全新的含义。

李国涛在《且说"山药蛋派"》一文中说：

> 他们的文学创作在一开始就带有民间说讲文学的特点。在他们的作品中，大段的风景描写大段的心理分析是见不到的，玄虚的字眼和华而不实的难以捉摸的词藻是少见的。他们的作品是写给农民读和听，他们描写的对象也是农民。这是"山药蛋派"小说最重要的特点。

"山药蛋派"的形成在五十年代中期到六十年代中期。如再向前推到四十年代中期，可以更清楚地看到这个流派的渊源。一九四二年以后，赵树理首先发表了一批具有浓厚生活气息的地方色彩的作品，晋东南农村风貌宛然如画，人物跃然欲出。当时在晋绥地区的马烽等人也沿着这条路进行创作。马烽的《张初元的故事》、西戎的《谁害的》、束为的《红契》都具有这种特色。这是学习赵树理的艺术风格，不过这也是当时解放区大批作家自觉地按照毛主席《讲话》的精神进行艺术探索的结果。

作家周宗奇在评价到马烽等"山药蛋派"作家时，说了一段颇有深意的话：

> 在一部漫长的中国文学史上，还从来没有出现过这种现象：一个政党（或一个政治派别、一股政治势力）能够清醒地、竭尽全力地、不惜代价地搜求、吸引、培育、训练一批文学英才，以规范化的写作信条和方法，去为实现自己的政治纲领而奋斗不息。但中国共产党做到了。它以一部《讲话》为指南，在延安及其各个抗日根据地那样一种极为艰难困苦的环境中，居然造就出一大批才华各异而忠心不二的新型作家、艺术家，那么步调一致，那么自觉自愿，那么胜任愉快，那么毫不怀疑地认定搞文艺创作就只能这样搞，当作家艺术家就只能这样当，最后终于建立起无愧于自己的党、无愧于自己所处时代的煌煌业绩，并一直延续到现在，始终占据着中国大陆主流文学的地位。这真是一个空前绝后的文坛奇迹！且成为现当代文学史上永远无法划掉、无法替代的篇章。
>
> 马烽先生等"五战友"，就是创造这种文坛奇迹的人物之一。
>
> 真要以流派学的观点论事的话，倒不如叫《讲话》派更为准确一些。不管将来它在中国文学史上的地位如何，有一点可以肯定：比起历史上那些由几个人、十几个人、顶多几十个人所兴起的什么"花间派"啦、"公安派"啦、"桐城派"啦等等，中国共产党所兴起的这个"《讲话》派"，不论人数之多，独特性之强，影响之大，都是无与伦比的"巨无霸"。

中国作家协会前党组书记、著名文学评论家唐达成在讲到以赵树理为代表的"山药蛋派"、以孙犁为代表的"白洋淀派"时曾说："人们总喜欢把文学的'这一个'，合并同类项，归纳成某某流派。殊不知，形成流派本身就是一种模仿的产物。一个人闯出一条路子，周围的人群起而仿效之，也许，这样可以不断丰富了某一种创作形式，但毕竟离个性的表现和发表对生活的独到见解相去已远。更何况如果整整一代人都蜂拥至同一条路上，在轰轰烈烈的表象下，掩盖着的是这一代人的悲哀。"

从一个流派的演进中，我们可以读到很多的时代社会内容。

二

山西大学文学院教授张恒在2002年第3期的《山西文学》上发表文章《一道消逝的风景线——"山药蛋派"文学的回眸与审视》。文中专门有一章节"别贬低了文学大家赵树理"，做了如是阐述：

赵树理与"山药蛋派"作家最为不同的一点是，面对当时甚嚣尘上的错误倾向，赵树理表现出了强烈的抗争精神和批判意识。1958年，赵树理在山西晋东南蹲点时，就因反对"盲目冒进"与地方领导多次激烈论战，对所谓文艺放"卫星"的荒唐运动，也公开撰文坚决予以抨击。1959年，他又写了一篇《公社应该如何领导农业生产之我见》，大胆揭露了"大跃进"中的种种问题，并毅然上书中共中央机关刊物《红旗》杂志，结果被转回他工作的中国文联。赵树理因此遭到严厉"批判"，被斥之为和彭德怀"反党意见书是一个腔调"，"大肆攻击三面红旗"。而赵树理却表示，"我最厌恶的是放空炮、不实的坏作风，因为它一坑国家，二坑人民。"并不认错。六十年代初，赵树理对当时所谓的阶级斗争的严重估计以及稍后的"大写英雄人物"的说法均提出过质疑。他"相信自己的眼睛"，所以，在这几年中，因为"真话不能说，假话我不说"而仅仅留下的几部作品如《实干家潘永福》、《卖烟叶》与剧本《十里店》中，都秉承着作家的良知，真实地反映了生活的阴暗面，而成为抵制极左路线的难得的"顶风"之作。正因为赵树理的不合时宜，后来他又多次在整风会上挨整。1964年又被在报纸上公开点名"批判"，并被调离北京"下放"山西监管。而到了"文革"一开始，他就被山西作为"黑帮分子"、"反动作家"第一个"揪"了出来，并在没完没了的"批斗"中被迫害致死，为自己的正直与真诚付出了生命的代价。粉碎"四人帮"后,当地又迟迟未给赵树理平反。只是到了八十年代初,某些"山药蛋派"理论家为了证明"山药蛋派"的显赫,才把这位含冤屈死于自己故乡的作家生拉硬扯了进来。"文革"前,在"山药蛋派"作家中,有所谓西、李、马、胡、孙一说。即西(西戎)、李(李束为)、马(马烽)、胡(胡正)、孙(孙谦),这时是没有赵树理的。"文革"后,有些人巧妙地置换了内容,将西、李、马、胡、孙解释为西、理、马、胡、孙。于是此李(李束为)变成了彼理(赵树理),赵树理也就成了"山药蛋派"作家。其实以赵树理在当时文坛的影响和地位而言,他是当之无愧的"国家级"作家。最近,中国现代文学馆又为其铸了铜像,与鲁迅、郭沫若、老舍、曹禺、叶圣陶等文学大家并列在一起。所以将赵树理强行裹挟进"山药蛋派"这个日落西山的地方作家队伍,乃是对这位文学大师的最大贬低。

其他几位堪称真正意义上的"山药蛋派"的作家,与赵树理是根本不可同日而语的。虽然面对当时的错误思潮,他们也许感到过一些不

马烽和孙谦在中阳县弓阳镇深入生活。

解，产生过一些迷茫，但却未必能保持多少清醒。对于许多自上而下贯彻下来的精神，他们更多的不是怀疑，而是对自己是否理解，是否跟得上的检点。他们也希望能够适应形势，歌颂时代，能够以当时倡导的所谓革命化甚至"三突出"的原则创作……

张恒文章发表后，在"山药蛋派"作家的大本营南华门东四条，自然引发了一场轩然大波。作为马烽的秘书兼司机的吴孝仁，在回忆马烽的文章中有一节叫《当"山药蛋派"受到质疑时》，写了马烽对张恒文章的反应：

> 2002年的《山西文学》第3期，刊登出山西大学中文系教授张恒先生的一篇长文，叫做《一道消逝的风景线——"山药蛋派"文学的回眸与审视》。文章在文学界和读者中产生了不小的反响。我不是搞文学研究的，但由于多年为马烽、西戎、胡正等"山药蛋派"作家服务，也多少了解到一些他们所走的文学道路，他们的一些主要作品，他们的文学创作观念。因此，也认真看了张恒先生的这篇大作。越看越觉得这大教授的文章跟自己的了解不一样，尤其是有些话，说得很过分，甚至于是凭空想象，核心意思是要贬低马烽、西戎、胡正他们这些作家的成就和影响，还把赵树理与这几位作家对立起来，认为马烽他们是要拉赵树理来抬高自己。根据我的了解，马烽他们从来没有这样的意思。所以，我担心马老看了这篇文章后，情绪会受到打击。那时，他的身体已经衰弱，特别是因为哮喘开始影响到了心脏，如果情绪激动，肯定要加重病情。那几天，我总是小心谨慎地观察他的情绪，尽量不提此事。
>
> 几天后，马老平静地对我说：《山西文学》上登的张恒教授的文章我看了，对他的观点我不发表意见，因为评论文章，人家可以有自己的看法。我只是想澄清个事实。你来看这一段话……"（即"此李非彼理"的那段话）
>
> ……马老接下去对我说："你去问问发表这篇文章的《山西文学》编辑部的同志，文章中提到的'西、理、马、胡、孙'这个说法，是谁说的？在什么场合说的？或者是在哪篇文章中说的？我怎么从来没听说

过，也没看到过。"

我拿上刊物马上去找到《山西文学》主编韩石山先生，把马老的意思转达给他。韩石山又认真看了那段话，也感觉到有问题，需要搞清楚。于是，他当着我的面立刻给张恒大教授打去电话，问道："你文章中提到的'西、理、马、胡、孙'这个说法，就是赵树理的'理'，有没有根据？是谁说的？在什么场合说的？或者是在哪篇文章中说的？你查过资料没有？"张恒在电话那头随口说："我也是听别人讲的。"跟着还反问韩石山："你怎么把这句话也发表出去了？"韩石山没有再说什么，很无奈地把电话挂了，对我说："你遇上这么不严谨做文章的人，还能再说什么！"我当时特别气愤，说："一个堂堂大学中文系教授，写文章怎么能这样不认真、不负责、不严谨呢？把道听途说的东西就敢写进去，还要指责别人发表出来！真是岂有此理！"

我从韩石山办公室出来，直接就到了马老家，把刚才那个过程说给他。马老听完，仍然是平静地说："写评论文章最讲究的是要尊重事实，特别是下结论时一定要有根据，不能道听途说，如果要是那样做，肯定不能让人服气，更不能叫人接受。"

作为"山药蛋派"代表作家之一的胡正，在谈到张恒的这篇文章时这样对我说："我和马烽他们的观点基本上是一致的。赵树理并不是我们要拉来做大旗，装潢门面。那是评论家根据作家的情况给予归类的。这里不是大作家小作家之分。人们把孙犁和刘绍棠、从维熙等人归为'白洋淀派'，就是评价他们的创作成就都一样了？"

我并无意在此对"山药蛋派"做出是非功过判定，张恒的文章代表了一部分人的印象：人们感受到同为"山药蛋派"营垒的代表人物，赵树理与马烽的不同点。

当年的山西省委书记王谦曾说过这样一番一针见血的话："马烽和赵树理不一样。马烽是为党而写农民；赵树理是为农民而写农民。所以当党和农民利益一致的时候，他们俩人似乎没什么差别。而当党和农民的利益不一致时，马烽是站在党的一边，而赵树理是站在农民的一边。"

马烽夫人段杏绵说过这样一番话:"王谦评价马烽的话最准确了。他一生就是不说不利于党的话,不办不利于党的事,即便当时想不通,也得服从党,无条件做党的工具。"

马烽夫人段杏绵还说:"马烽这个人有个特点,不管他自己再不愿意的事情,只要一说,组织上已经做出决定,他就没辙了,他就是自己受天大的委曲,也要服从组织纪律。"

相知莫如夫妻。段杏绵的话准确说出了马烽的特点。

当年的山西省委宣传部部长张维庆在评价到"马西李孙胡"五老作家时,说过一番这样的话:"他们永远忘不了自己是人民的作家,首先是党员作家,因此,他们总是尊重人民群众的利益和愿望,总是站在党的立场上,牢记自己首先是一个党员,其次才是一个作家。"

也是作为"山药蛋派"作家的韩文洲在我对他的访谈中,也十分明确地说:"马烽和赵树理不是一回事。马烽从来是站在党的立场,是党领导文艺的干部;赵树理是从来都站在农民的立场,是个农民的代言人。"

有一个小细节也颇能看出其中的不同。

撰写马烽传记的作家周宗奇,在他的"诠释"中,这样评议马烽的"党性":

> 他们还有一个共同点:做中国共产党员比当中国作家的历史要长许多。在他们还远远没有懂得"作家良心"为何物时,"党性"却早已成为他们的最高精神追求。
>
> 他们的"党性"形成于可塑性最强的少年时代,又在一个远离家庭、远离社会的相对封闭的特殊环境中,不断得到革命思想的灌输并真心真意接受了它,其纯洁性和坚定性是终生再难更易的。比如马烽先生,自从"我把入党申请书交给老唐之后,好像把心也交给他了"。也就是交给党了!我要"为共产主义奋斗终生!""从此感到生活更有意义了,也感到无尚光荣。"我按时"缴纳党费,汇报思想情况";"吃苦在前,享受在后"……而且所有这一切,"并不是在自我表现"!

马烽先生确实不是一个善于自我表现的人。可他一生由于党性太强,经常有着不同一般的特殊表现,并为此承载着相应的赞誉与贬毁、欣喜与痛苦、成功与尴尬、走红与落寞……

诗人张承信给我讲了赵树理这样一个细节:"在'文化大革命'中,表现得最有骨气的是赵树理,从不认错。我给你说一个尚没有见诸文字的细节:比如说赵树理在填写入党申请书时,上面不是有一栏,能否服从分配?赵树理填的是'不能'。谁在入党申请书上这样填?赵树理的入党介绍人是王春,给他把'不'字涂掉了。可是,从纸背面透过光线还能隐隐约约看见。'文化大革命'中批斗他,说他和党二心。赵树理说,原来我还觉得我是觉悟不高,'文化大革命'开始后,我感到我对了,而且我早就对了,不是批判刘少奇的'驯服工具论'吗?"

三

"山药蛋派"的作家们有一个显著特点,就是极善于把生活中的悲剧情节做出喜剧化的处理。

谢泳在《胡正小说创作的当代意义》一文中,说了这样一段话:"我们的读者很少看到过'山药蛋派'作家笔下出现悲剧。过于贴近生活,对时代充满了浪漫的幻想,使我们的作家在真诚地歌颂一个时代的某一侧面。"

赵树理被认为是"山药蛋派"的一面旗帜。赵树理的《小二黑结婚》无疑是"山药蛋派"的代表之作。山西北岳文艺出版社1993年版的《山西文学史》,记载了赵树理创作《小二黑结婚》时的一个史实:

《小二黑结婚》的题材主要来源于赵树理下乡时了解到的一个案件。1943年赵树理曾两次到辽县下乡调查,听到这样一个案情:一个村里的民兵小队长叫岳冬至,与本村的一个漂亮姑娘智英祥谈恋爱。女方的母亲不同意,把女儿许配给一个富商,收了许多聘礼。智英祥坚决反对并说:"谁拿了人家的东西,谁跟人家去。"男方的父亲也不同意儿子的婚事,但岳冬至根本不承认他父亲给他收养的童养媳。与此同时,村里的

"山药蛋派"后继人周宗奇（右）、张石山（左）。

坏人也从中破坏，已婚的村长是个富农，经常调戏智英祥，因屡遭拒绝而迁怒于岳冬至，并把岳冬至活活打死。

这是赵树理亲眼目睹的当年农村现实。需要说明的一点是，发生的地点辽县，是共产党八路军最早的老根据地。后为了纪念牺牲在这块土地上的八路军副参谋长左权将军，将辽县更名为左权县。

赵树理对生活中的"悲剧原型"，进行了"艺术典型化"的创作，写成了"有情人终成眷属"的《小二黑结婚》。赵树理的《小二黑结婚》已不同于"五四"时期的"娜拉出走"；也不同于30年代的《沙菲女士的日记》，它删除了"不符合"时代精神的内容，而"升华""提炼"或曰"改造"为一个大团圆的喜剧结局。

作为一代理论权威的周扬，在几十年前写成的《论赵树理的创作》一文中，对赵树理改造后的"大团圆"结局做出这样的论断："作者是在讴歌自由恋爱的胜利吗？不是的！他是在讴歌新社会的胜利(只有在这种社会里，农民才能享受自由恋爱的正当权力)。讴歌农民的胜利(他们开始掌握自己的命运，懂得为更好的命运斗争)。讴歌农民中开朗、进步的因素对愚昧落后、迷信等等因素的胜利。最后也最关重要,讴歌农民对封建恶霸势力的胜利。"

这么多的"胜利"只是出自于笔下的虚幻。墨写的谎言毕竟掩饰不了血写的历史。这种观念对现实的"升华"和"改造",仅仅成为创作方法上"虚饰"和"图解"的败笔。几千年在这块黄土地上的封建文化积淀,是绝不会因政权的骤然更迭而一朝改变。于是回顾这段史实,把周扬的理论剖析和严酷的生活真实对照着读,倒真让人读出了其中的嘲讽意味。

几十年后,被称之为"山药蛋派"后继者的潘保安先生,写出的《小二黑结婚》的续篇《老二黑离婚》,之所以能在当时引起广泛的轰动效应,大概正是一种对历史现象的当代反思,对历史史实的"拨乱反正"。

评论家傅书华在《论山西作家群流变中的精神演化》一文中说:"当赵树理在《小二黑结婚》中,将生活中岳冬至的惨死改为与小芹的皆大欢喜时,他或许没有想到,他这一笔恰如中华民族一个时代精神的形象化巨幅标帜,上面赫然印染着自信与梦幻:人自以为清醒地认识了自身,把握着自身的命运。……但这种对自身命运的把握,又是基于一种改造现实的理想的意愿。"傅书华还说:"梦幻的色彩浓重而又鲜亮。……'山药蛋派'作品的字里行间,溢满了哗啦啦的笑声。"

中华民族是一个善良而又有些懦弱的民族。这种大团圆的喜剧化处理,是一种复杂的民族文化意识的折光反射。这种以道德为核心的价值观与"大团圆心理",本质上讲是中国人"寰道状"宇宙观和人生观的潜意识的自然流露。其中有着历史文化和现实心理多方面的深层原因。

忘记苦难的民族注定是无可救药的民族。那种"大团圆"的结局是对苦难的歪曲表述。

朱学勤在《我们需要一场灵魂拷问》一文中指出:"我们生活在一个有罪恶却无罪感意识、有悲剧却没有悲剧意识的时代。悲剧在不断发生,悲剧意识却被种种无聊的吹捧、浅薄的诉苦或者安慰所冲淡。悲剧不能转化为悲剧意识,再多的悲剧也不能净化民族的灵魂。这才是真正悲剧的悲哀!"

人们很快从当初巨大的喜悦中惊醒过来,生活变了一张面孔,向人们露出了它严酷的一面。

喜剧把人生无价值的撕开给人看;悲剧把人生有价值的毁灭给人看。喜剧意识向悲剧意识转化。悲剧比喜剧有着更为深刻的哲学内涵。

马烽亲历了那场"暴风骤雨"的土改,马烽这样介绍这个历史事件:"1947年春末夏初,根据地大规模开展了土地改革运动,当时提出的口号是:'前方打老蒋,后方挖蒋根。'我被分配到六专署工作团。团长是公安局长谭政文、副团长是报社社长郝德青。首先是集中学习了几天有关土地改革的文件,然后就确定去崞县(今原平县)十八村水地各村进行试点。工作团混合编成十几个队,分别进驻各村。我被分配到了大牛堡工作队。队长是总工会的老吴,副队长是六地委宣传部长老范。我和李玉明同一个单门独户的老光棍挤在一盘炕上。大牛堡是个二百多户人家的村庄,土地肥沃,旱涝保收,可贫富悬殊很大。大部分土地都集中在邸、彭、任三大户手里。一般人家都依靠当长工,打短工,租种地过活。租子重,捐税多,不少人家是搅糠拌菜度时光。工作队进村后,首先是进行社会调查,整天和贫下中农同吃同住同劳动。访贫问苦,扎根串联,启发他们的阶级觉悟;然后就是组织贫农团,讲解土改政策,划分阶级成分,召开大大小小的诉苦会,和地主们清算剥削账,进行面对面的斗争,最后就是分配胜利果实。"

这是一场剥夺和再分配的运动,其激烈惨烈程度不言而喻可想而知。

马烽讲述过晋绥边区土改运动中的"斗牛大会":

马烽说:"当年晋绥边区有一个著名的开明绅士,叫牛友兰。他一直热衷于兴办教育,先是在本县北坡村办了一个小学,后来又在县城办了一个兴县中学。在学校里聘请思想进步人士担任教员,宣传抗日思想,开展同国民党投降派和卖国汉奸的斗争。在抗日战争初期,贺龙、关向应率领的八路军挺进晋西北,当时已是隆冬季节,但八路军战士还穿不上棉衣,牛友兰就把自己家复庆永店铺里库存布匹、棉花拿出来,一次就装备了八路军的一个团。后来,牛友兰又积极响应晋西北行署提出的为抗日'献粮、献金、做军鞋、扩兵'的号召,他自筹资金一万元,创办了'兴县民众产销合作社'。他还动员复庆永股东集资两万三千元,办起了兴县农民银行,为我们的抗日部队筹款。阎锡山发动的'十二月事变'后,牛友兰再次带头出面,捐献白洋八千元,粮食一百多石,甚至动员本家妇女捐献金银首饰。正是根据牛友兰的这些事迹,我们的剧团创作了话剧《一万元》,歌颂牛友兰为抗日做出的贡献。这个戏还在边区的调演中得了一等奖。令人遗憾的是，就是这样一个功臣，在土改时，根据康生在临县郝家坡搞土改时创造的经验（康生说，地主的底财是个大问题，一定要把地主埋在窖子里的底财拿出来。康生还说，逼起底财来就要死人，但死也不怕。）于是，又开始向牛友兰追开底财了。所谓的'斗牛大会'，就是为追底财，召开了批斗牛友兰的大会。在批斗会上，残忍地用铁丝穿过他的鼻子，还让他的儿子拉上游街……'斗牛大会'后不久，牛友兰就含冤死去了。"

这个说来触目惊心、惨不忍睹的故事，并没有出现在马烽的作品里。

马烽在某次创作谈中，关于一个作家能不能只要是现实中曾发生过的真实事，就可以不加选择地写时，说过这样一番话："有的题材要自觉地不去写，因为写出来没有好处，没有用。除了使人们看到社会上一片黑暗之外，没有其他作用。有些题材不能写，如涉及到国家机密的问题就不能写。也有些题材当时不能写，现在能写。如抗日战争、解放战争时期的党的地下工作，当时不能写，一写就暴露给敌人，但现在能写。所以不是什么题材都可以写的，要从党和人民的根本利益出发。"

马烽大概正是从这一创作原则出发，描述了他所亲历的土改：

马烽说："……我觉得我们土改队的两位队长，在掌握政策上都比较稳妥。斗争虽然十分激烈，但从始至终没死伤一个人。对多年压榨贫雇农的地主，都是按照中央精神执行'给出路的政策'，同样给他们留下了一定的生产资料和生活资料，促使他们自食其力，重新做人。"

马烽还讲述了一段土改工作总结会上的笑话："分配完胜利果实，全村贫下中农开了个庆祝会。团部副团长龙政委来讲了话。他讲话一开始就闹了个大笑话。他说：'今天是个高兴的日子！'刚说了这么一句，全场子的人都哄堂大笑了。原来那时候这村群众忌讳说'高兴'二字，平素人们只说'欢喜'或'喜欢'。不知为什么他们竟把'高兴'二字，当成了男女发生性生活的代名词。故而一听这话忍不住就笑了。当时工作队员、本区张区长，忙写了个纸条递给龙政委。条子上写的是：'请勿说高兴。'龙政委看了，把条子往桌上一拍，大声说：'我们打倒封建剥削，土地回了老家，今天正好又是中秋节，为什么不能说高兴？不但贫下中农说高兴，我们工作团也要和老乡们一块高兴！'这等于说：工作团要和老乡们一块过性生活。全场群众笑得更厉害了。有人笑得东倒西歪，前仰后跌；有人笑出了眼泪，出岔了气。龙政委觉得莫名其妙，忙转身问道：'这是怎搞的？！'张区长忙低声给他解释了一番。龙政委笑着低声骂了一句：'他娘的，这么好的两个字，怎么在这村变味了！'"

这一细节，大概颇能反映出现实生活在一种流派笔下的创作演变。

四

张恒的《一道消逝的风景线——"山药蛋派"文学的回眸与审视》一文，还对"山药蛋派"这一文学流派做了世纪末的回顾和总结：

> 山西"山药蛋派"的作家，……他们之中除赵树理外，创作活动均开始于20世纪40年代初的革命老区，基本上都是革命队伍中的基层文化工作者。共和国成立后，旧的思想文化遭到前所未有的荡涤，刚刚获得解放的国人，包括各界各阶层，对中国传统社会留下来的一切，差不多都充满着发自内心的鄙夷轻蔑之情以及与之断然决裂的真挚愿望，而对共和国的缔造者们从昔日老区带进来的一切，从扭秧歌到打腰鼓，从《白毛女》到《王贵与李香香》，则无不充满着一种由衷的拥戴和热切的认同。在这种情况下，那些自感风光难再的旧作家、旧文人遂纷纷改弦更张，而过去的相当多数的文学作品，也无不面临着被逐出历史舞台的可悲命运。如此，就在特定的时期形成一个特有的也是巨大的艺术真空，亟需为广大百姓提供的文化食粮却突然面临着青黄不接之虞。一方面是巨大的艺术真空应该填补，一方面是国人对革命老区的新型文学的热爱。这，不正是给后来的"山药蛋派"作家创造了一个大显身手的大好机会吗？
>
> 1949年，赵树理创作小说《传家宝》、《田寡妇看瓜》；1950年，他的小说《登记》以及1955年写的小说《三里湾》均轰动全国。此间马烽创作的《一架弹花机》、《饲养员赵大叔》、《孙老大单干》、《韩梅梅》等；

西戎创作的《麦收》、《宋老大进城》等，都引起了一定反响。而孙谦则以电影文学剧本《农家乐》、《光荣人家》、《葡萄熟了的时候》、《陕北牧歌》、《夏天的故事》等令世人瞩目。胡正、束为也频频出手，正是在共和国建国伊始的峥嵘岁月，被时代巨变所赋予的难得的机遇所"照亮"，他们才一步步走向了自己的成熟和辉煌。

纵观他们的早期创作，其艺术旨趣、审美观念、创作心态、风格取向以及功利目的等方面的一致性是显而易见的。首先他们对革命事业充满了由衷的责任感、使命感，也充满了运用文学武器讴歌革命、抨击反动、配合形势、服务中心的强烈而坚定的自觉意识。其次，他们中的大多数传统的人文思想观念积淀不深，接受中华主体文化与舶来文化的系统教育均有限，却长时间地为俗文化所熏陶濡染，具有与普通大众特别是农民大众同甘苦、共命运的深切体验，民间艺术的吸纳至为丰富，美学思想相对单纯而不复杂多元，理论的滋润则显得阙如，而在早年的革命岁月，彼此又建立起较牢固的战斗友谊。正是这一切，为以后"山药蛋派"的形成打下了理论的、实践的乃至人情方面的基础。

马烽（右）、孙谦在阳县刘家坪公社圪塔上农家深入生活。

马烽虽然对张恒的文章提出了质疑甚至还很激烈，然而对"山药蛋派"在文学史上的定位，还是保持着清醒。马烽在1986年1月18日回答《光明日报》记者问时说："我们这批人的特点是：文化程度不太高，文学素养也不太高，书读得也不够多。当时我们有个共同点，就是'文学艺术要为政治服务'，这个观念在我们是比较强烈的，因此，文学创作它当然要考虑社会效果。那时，不考虑经济效益，首先考虑的是社会效果。……我们这些人虽然有我们的缺点、弱点。但是我们也有我们的好处，这就是对文学的目的性和意义比较明确。这一点，甚至可以说是浸透到血液里了。我们写东西都是为了整个的革命事业，而不是为抒发个人的感情。……我们就是时代造就的一批作家。"

张恒在分析了"山药蛋派"形成的历史渊源和时代背景后，对"山药蛋派"的衰落做出了必然的断言：

"山药蛋派"的形成，在相当程度上是政治的产物。功利色彩、宣教目的极其浓重，也极易陷入浅白直露或趋时的境地，很难获得高层次的艺术突破和恒久不衰的文化价值。其审美情趣单一而凝固，接受精英文化的心态偏颇，认识短浅、内容狭窄，手段欠丰，追求思想容量广阔厚重的自觉意识至为薄弱，封闭多于汲取，自足多于开放，跨文化、跨国别的借鉴颇差，更缺乏对世界现当代文学思潮的客观考量，视野有限，涉猎局促，门户之见甚深，切肤之言、逆耳之谈也很难吸纳。

"文革"过后，中国历史掀开了新的一页，文化事业同样呼唤着生机。熬过劫难的"山药蛋派"作家自然不会甘于寂寞，也纷纷重操旧业，披挂上阵。1978年，马烽以《有准备的发言》、《无准备的行动》二则短篇小说再次亮相；接着，发表了《结婚现场会》、《李顺德和他的女儿》等十几篇小说。此外，和孙谦编写了电影剧本《泪痕》、《咱们的退伍兵》、《山村锣鼓》、《黄土坡的婆姨们》等。西戎、胡正、束为等也发表了不少小说，但这时他们的创作却每每显得力不从心，事倍功半。马烽的《结婚现场会》还获得1980年全国优秀短篇小说奖，后来的小说却再难叫响。与孙谦合作的那些电影剧本，除了《泪痕》外，其他几部均每况愈下。西戎、胡正、束为的几篇小说也属昙花一现。意欲东山再起实则事与愿违，道理一目了然，"山药蛋派"作家根本没能力超越他们既定的美学体系与创作模式，在新的瞬息万变的社会形势面前，他们就必然越来越感到捉襟见肘，难以为继。因此一落千丈，贻笑大方，也就成了他们必然的尴尬结局。

马烽说："张恒在他的文章里，说我们是跟风的，这不是事实。比如对'大跃进'，我们也有意见。文艺作品要宣传共产主义，但与'共产风'怎么区别？我们曾认真地将这个问题提交给李雪峰同志。他当时是中共华北局书记，跑到太原召开文艺座谈会。我们几个都去了，会上提出这个问题。李雪峰同志说，政策非变不行，不对了就要改，文艺作品也不要光写政策。我为什么要写《刘胡兰传》呢？就因为当时要写'大跃进'这样的现实题材不好写，又不想去说假话，只好去写历史题材。"

马烽在1986年1月28日答《光明日报》记者问时，说了这样一段话："三年困难时期，创作上就不大好办了。原因在哪儿呢？就是政策出了些问题。当时我们也不是没有看法，就是觉得共产风这么一刮，刮得人们没法写。你写什么呢？当然我们的文学创作最终目的是要为共产主义唱颂歌，但是那时刮的共产主义风就是不能歌颂。所以在那个时期，文学创作上是个低潮。全国如此，山西也不例外。因为不好办。你歌颂那些共产风吧，觉得有愧于良心。要真正写些实事求是的作品，又不可能发表。所以后来我们就走了另一条路子，就是写通讯、特写。"

当时首先提出"山药蛋派"的评论家李国涛在三十年后，也对"山药蛋派"进行了世纪末的盘点和历史性的总结。

李国涛说："你只能把'山药蛋派'放到一个特定的历史时期去探讨它的价值。由于意识形态的原因，一批三十年代已经成熟的作家，如沈从文、钱锺书等人都失去了继续写作的权力；另一批已经成名的作家，如老舍、曹禺等，开始重新审视和改造自己的创作观，也几乎写不出什么新作品；而只有延安等老解放区来的作家和共和国培养出来的作家在写。你的分析研究不能离开这一大背景。你现在回过头来看'山药蛋派'的作家们，除了马烽凭借自己的灵气，他的作品还有些文学意味外，其他人的作品，现在回头都没什么看头了。"

从李国涛的《且说"山药蛋派"》提出"山药蛋派"的形成和崛起的理论；到《山西文学》1982年12期的《再说"山药蛋派"》又提出"山药蛋派"的新发展和后继有人，再到晚年对"山药蛋派"历史局限性的"盖棺定论"，可否把它看作是一个文艺理论家、文艺批评家对一个流派的"三段论"？

山西文学院院长张锐锋，在与我谈到对"山药蛋派"的评价时提出一个新概念："时代的高度"和"历史的高度"。有些作家，只能说是"时势造英雄"，"世无英雄遂使竖子成名"，他们的崛起是由于"木秀于林，风必摧之"，这是由于许多原本出类拔萃的作家被压抑，被剥夺了写作的权力后，他们冒了出来。是一种历史阴错阳差怪异的结果。所以有些作品只有"时代的高度"。而有些作家，如莎士比亚、巴尔扎克、托尔斯泰、陀思妥耶夫斯基这些大师，他们达到的则是"历史的高度"，是文学史上让人仰为观止的一座座高峰。

五

胡正是"山药蛋派"硕果仅存的主要代表作家，我问胡正："你看过张恒的文章后是什么感受？"

胡正说："看了以后，我们几个没有在一块议论。是李英反应强烈。为什么反应强烈呢？因为西戎对韩石山一直不错，而这篇文章你在《山西文学》上转载了，还加了个编者按，在编者按里还是非常肯定的口气。她拿给我看，我说不错么，过去我们还算一条风景线呢！你说是不是啊？"胡正说着，发出一阵爽朗的"哈哈"大笑。

胡正又说："再说，他也是一家之言，又不是文学史上的定论。另一方面，我的观点，'山药蛋派'也就是个历史现象，过去了，一个人也好，一种文学现象也好，他有辉煌的时刻，也就有衰落的时候。就是丁果仙，也不能总唱主角。我挺欣赏他的一点，他年龄大了跑龙套，有人说他，你是名家，你怎么能去跑龙套呢？

丁果仙说，人还能总当主角，该跑龙套的时候就跑，比站在原地不动强。对一种历史现象有个正确的评价就够了。我没什么恼火的。作家出版社最近出了一套《山药蛋派作家丛书》，赵树理、马烽、西戎、李束为、孙谦和我六个人的。这就是个历史现象，过去就过去了。过去我们盖了个四合院，不错，现在不照样拆了四合院，盖起了高楼大厦。谁还再去盖四合院？任何事物都是历史时期的产物。"

胡正还说："我后来写的《重阳风雨》、《明天清明》，离'山药蛋派'远了一些。我自己也不是就死守着过去的一套。'山药蛋派'是适合于五十年代的情况。那时候，农村农民的文化不高，所以它需要通俗化、大众化，要土得贴近他们，使他们有阅读兴趣。而现在人们的文化程度都高了，见到的东西也多了，这就要多元化。"

胡正说："人们对你的认识，也会随着时代的进步而发展。你当年的局限，人们还可以理解、原谅，如果时代都前进了，人们思想都提高了，你还固守陈旧的观念，那人们就不会原谅你了。对自己的作品也一样，在过去那种形势下写出来的作品，你还要说它多么多么了不起，这怎么可能呢？它当然也有时代的局限性。为什么现在提出'与时俱进'呢？这是一种明智的做法。"

胡正在《九十年代的希望》一文中，说过这样一段话：

> 我们要承认历史而不是否定它，因为历史是存在过的，然而历史已成过去，历史留给我们的是回忆，留给后人的是翻来覆去的评议。历史在延续，在发展，有时竟有惊人的重复和相似。它不可避免地要受过去的影响，更将在新的历史条件下呈现新的历史现象。

张恒把文章的题目定为《一道消逝的风景线》，对此，胡正以作家的语言，说出一段意味深长的经典名言："风景当然不能长久，这是自然的规律，还能永不消逝了？烟台蓬莱阁上看海市蜃楼，那更短暂，几秒钟的事，一晃，不就没了？风景就不可能永远保留，庐山夕照好看，天黑了，风景就没了。泰山日出壮观，太阳升高了也就没什么看头了。长江三峡，那更是著名风景区了吧？历代文人留下多少诗篇。现在三峡大坝一修，说消逝不也消逝了？消逝了没关系么，我们再给它创造一道新的风景线不就行了。"

文事

1958年：诗人郭沫若

杨建民

一

1958年，是共和国史上一个特别的年份。

当时人们的行为及思想，可以"热狂"二字形容。那么，当时人们热狂到一个怎样的程度呢？除去现在留下的那些亩产过万甚至数万的荒唐数字，两年超英国钢产量，数年全面赶超英国的口号；除去千万人齐上阵，敲盆砸锅"大炼钢铁"，消耗大量资源，只留下许多铁疙瘩和至今仍常可见到的土高炉遗迹……在思想文化领域，它留下些什么呢？

在当时的文化人中，郭沫若是一个相当充分的代表。他不仅担任过政务院副总理、人大常委会副委员长、全国政协副主席等重要职务，还是全国文联主席；就在1958年2月，经毛泽东任命，他又担任中国科学院院长一职……政治、学术、文艺等方面的显赫位置，使他的言论有相当的分量和影响，也可以在一定程度上代表许多知识界人的心情。所以，从观察郭沫若的作品入手，也许能够对当时情境中人们的精神状态，有一定的了解和把握。

1958年的热狂，是在1957年之后出现的。1957年的"反右"运动对中国知识分子的打击，相当沉重。在心理上，许多人多年之后还是一个难释之结。在"反右"刚刚过去不久的1958年，人们心中的惊恐状态，也是我们今天读郭沫若诗歌不得不加以考虑的。

二

1958年元月的上中旬，郭沫若正在国外参加会议及访问中。这次外出的时间很长。头年11月初，他便以中国科学院代表团团长和中国代表团成员身份，随毛泽东到莫斯科，参加十月革命节的庆祝典礼。在此期间，他随毛泽东前往红场拜谒过列宁、斯大林陵墓；又随毛泽东出席了苏联最高苏维埃举行的，"十月革命"四十周年庆祝大会，参加了红场阅兵式；并陪同毛泽东会见苏联各界著名人士……之后，又以中国代表团团长身份，参加在埃及开罗召开的亚非人民团结大会；又经匈牙利，飞罗马尼亚，再到莫斯科，直到20日才返抵北京。

回京不过数天，郭沫若就写下了那首产生很大影响、如今却颇遭诟病的诗作《题毛主席在飞机中工作的摄影》：

  在一万公尺的高空，
  在图104的飞机之上，
  难怪阳光是加倍地明亮，
  机内和机外有着两个太阳。

  不倦的精神呵，崇高的思想，
  凝成了交响曲的乐章；
  像静穆的崇山峻岭，
  也像浩渺无际的重洋。

诗尾注明写作时间为"1958年1月25日"。

这首写于该年年初的诗作，不过是郭沫若当年所作众多此类诗中的一首。当年2月，郭沫若到京郊西红门乡曙光农业生产合作社参观，并即席挥毫作诗一首：

  一九五四年初现曙光，
  一九五八年跨过长江，

>　　今后是永不下山的太阳,
>　　把西红门乡造成天堂。

　　这样的文字,运用了一点点诗歌手段,但毕竟没有实质内容,所以只好拣一些熟词大话,"长江""太阳""天堂"来填充。今天看来,很难有打动人的地方。
　　郭沫若当年的一些诗作,有些干脆就直取报纸上的口号,拿来敷衍一番。3月25日,郭以"红透专深"为题,填了一首"调寄十六字令":

>　　红!双反之火正熊熊,烧五气,努力学工农。
>　　透!锻炼须从劳动受,新八路,今日又从头。
>　　专!技术革新在眼前,学科学,战向地球宣。
>　　深!铁杵磨成绣花针,向党组,交出一条心。

　　从选题就可知晓,这种作品缺乏深切感受。所以最终只借了词的体式,其他几与诗无干。最后一句,大约是为了照顾平仄,连"一条心"这样话都说出来了。
　　5月6日,郭沫若又写下一首《毛主席在江峡轮上》:

>　　主席的智慧正在转坤旋乾,
>　　高峡出平湖,为时已不太远。
>　　料想巫山神女,在暗中喜欢,
>　　看到主席的精神真是饱满。

　　这只是其中的一节。大约郭沫若此时已读到了毛泽东1956年写的《水调歌头》,所以直引了其中"高峡出平湖"的句子。"巫山神女""暗中喜欢",颇有些不类,但似乎此时诗人只顾无限崇敬,已急不择言了。
　　当年5月,郭沫若率领全国文联组成的、有叶圣陶、萧三、吴作人等参加的参观团,到张家口访问。"前后十五日间,受到各地大跃进气势所启发",写出许多诗。这批诗,后来以"遍地皆诗写不赢"为题,发表在《诗刊》第六期上。

这些诗，夸饰之辞略类于前，不过其中有些实录，倒可反映出当时的一些情状。譬如："葵花杆子成塔尺，空酒瓶制水平仪。仅仅学习个把月，满乡都是技术师。"从中，我们大致可以看出"大跃进"中人们过于急迫的心情和技术的异常简陋。这两方面合拍，会产生怎样的后果，历史已经给了我们相当严厉的回答。

在这样的热狂心态与情境中，一切个人的孤寂及感受，当然没有容身之地。就连古人表露这种心迹的作品，此时也会被拿出反照一番。郭沫若当时的一首和李清照《声声慢》的词，便是这种反调之作。滑稽的是，郭沫若不仅"但一反其意，以反映当前'一天等于二十年'的大跃进高潮"，连词牌也改成了"声声快"：

  轰轰烈烈，喜喜欢欢，亲亲热热密密，
  六亿人民跃进，天崩地裂。
  一穷二白面貌，要使它几年消灭！
  多益善，看今朝，遍地英雄豪杰。

  八大煌煌议决，
  十九字，已将路线总结。
  鼓足干劲，争赴上游须力！
  多快更兼好省，
  要增添，亿吨钢铁。
  加紧地将社会主义建设！

8月27日，为庆贺《体育报》创刊，郭沫若赶写了《体育战线插红旗》一首。在陈述了"大跃进"中其他行业的一些虚夸数字后，郭沫若又不失时机地献上自己对毛泽东的颂扬：

  请看我们的毛主席不是四次游过长江？
  这样惊人的记录在古今中外是闻所未闻。
  毛主席教导我们要解放思想，破除迷信，

在体育运动方面，我们也抱定着这样的决心……

写到最后，以领袖对领袖的称颂作结：

列宁说过："马克思主义就是万能"，
在毛泽东的旗帜下没有不可能的事情！
……

9月2日，郭沫若一组《跨上火箭篇》发表在《人民日报》上。诗中录了几个水稻产量的数字，但后来报纸上又有更高的数字出来，郭沫若即给《人民日报》写信加以更正："不见早稻三万六，又传中稻四万三……"

这样让人眼晕的数字，是郭沫若从报纸上实录下来的，并没有运用诗人的夸饰和想象手段。由此也可知郭诗是在怎样的氛围中产生的。

12月20日，《人民日报》发表了郭沫若的一篇短文《读了"孩子的诗"》。文中引了一首孩子写的诗，口气也颇大："别看作者小，诗歌可不少，一心超过杜甫诗，快马加鞭赶郭老。"

为回答此诗，郭沫若也写了一首："老郭不算老，诗多好的少；老少齐努力，学习毛主席！"

这首诗可以澄清一段公案。以前有人引"诗多好的少"来描述郭沫若的作品，殊不知这正出自郭本人之笔。说明在其心里，对自己作品还是有清醒认识的。"学习毛主席"，作为诗句，虽过于直白，但可以反映郭的心情。后来郭沫若还专门写出《学习毛主席》一文，发表在第二年年初的《中国青年报》上，以表达自己重新入党的心情。

三

以上一类集中反映时代热狂情境，反映郭沫若对毛泽东虔敬态度的诗作，是当年诗歌写作的主体。这些诗大部分收在1959年出版的《长春集》里，但收入后来较为流传选本的并不多。这大约说明，时间自有其严峻判断。

但是，我们这里所介绍的诗作，还远非郭沫若1958年的创作全部。当年他还有"百花齐放"一组百余首诗作，为了行文方便，我们没有一一记述。

2月25日的《诗刊》第二期上，发表了郭沫若"牡丹""芍药""春兰"三诗。刊出之后，有朋友就对郭沫若说："跃进一下，就作足一百首来！"郭沫若一口应允：决心来完成这个"小"任务。所以便于3月30日开始，写以《百花齐放》为总题的咏百花诗。

一百首诗，在当时的郭沫若，几乎不算什么（当年他的《女神》，收数年诗作，不过五十来首）。仅用了十天，便大功告成。

4月3日，《人民日报》开始发表这组"百花齐放"，每期若干首，一直到6月27日才结束，共发表一百零一首。其实郭沫若不止写了这些，"实际写了一百零五首。我把油桐花、真珠兰、王莲和金银花四首抽掉了……"

十天之内，"跃进"出一百多首咏花诗，质量若何呢？我们不妨摘录几首来读读：

波斯诗人曾经把我们比成酒杯，
但他错误地只用来作自我陶醉。
我们今天是要为大跃进而干杯，
高呼中国共产党和毛主席万岁！

黄河之水今后不会再从天上来，
高峡出平湖，猿声不再在天上哀。
最大的变异要看黄海变青海！
全民振奋，真真正正是大有可为。

这是题为"咏郁金香"的一首诗。形式上虽还齐整，但内容太敷衍，没有一些花之精神，而让其高呼"万岁"，尤显得不伦不类。

偶尔有些诗句，还有点清新：

> 脉脉的清泉浸出自幽谷的岩隙中,
> 空气是十分清冷,苔藓是十分蒙茸。
> 我们深愿回到故乡,倾听清泉的琤琮,
> 在亲爱的邻里中高唱着东风的歌颂。

如果不是最后一句"高唱着东风的歌颂",这首写春兰诗的下半段也还有些自然风味。郭沫若1958年的诗,只有极个别的,脱开了政治社会的情境,进入到较纯粹的状态。但那的确是一刹那,诗也就极短小:

> 晨来南水泉,
> 泉水清且涟。
> 人影在水,
> 鱼影在天。

这是郭沫若在参观访问时,于清晨一瞬之间,见景生情写出的,时间是5月28日。这首诗,有汉魏民谣的自然风味。不求句子齐整,五言四言,交相呈现,朴素而鲜明。笔者遍翻了收录当年诗作的几个集子,这样的诗仅此一首。

当年的诗作,还有一些内容不大相类的。例如写于4月19日的《咒麻雀》。在"多快好省"的要求下,麻雀吃了些粮食,似乎不合于"省"字,即被排进消灭之列。当年如何对待麻雀,郭沫若这首诗略有介绍:

> 你真是些混蛋鸟,五气俱全到处跳。
> 犯下罪恶几千年,今天和你总清算。
> 轰打毒掏齐进攻,最后放把烈火烧……

除此之外,当年8月31日,《人民日报》还发表了郭沫若一首《四害余生四海逃》的诗。在这首诗中,郭沫若想了个妙主意:让余生的苍蝇逃向英国,麻雀逃向美国，蚊子逃向日本，老鼠逃向西德。当然，为何如此，诗中自有说辞：

> 中文虽叫苍蝇，英文是叫"福来"。
> 可见英国绅士，表示忠诚拥戴。

故意将英文"fly"译成"福来"——有福来也。这就是郭沫若让苍蝇逃往英国的理由之一。

至于让麻雀逃向美国，是因为到那里之后：

> 要吃就有粮吃，要游就有园游。
> 吃成便便大腹，散步华尔街头。

其余如让老鼠逃向西德，也有分说。其结尾颇有趣：

> 西德如果不收，美帝一定欢迎。
> 英雄能识英雄，惺惺惯惜惺惺。

末尾二句，说得十分俏皮。将六言诗运用得如此自如，确乎显现出郭沫若的功力。

1958年，是中国一个特别的年份。而郭沫若的诗歌创作，对于了解那个时代，领会当时人们的心情，似乎不可或缺。当然，从中我们也可清晰看出，人难能脱逃现实情境，这批诗歌便是证明。但同时，人又无法不对自己的过往承当后果。今天人们对郭沫若作为的种种评价，也许不是他能料想到的。历史通过时间进行的判断，常常显得格外严肃，这就不是人们所能左右的——包括郭沫若这样富有才华、有渊博历史学养的人物。

轶事

陆小曼打官司
——怒告平襟亚始末

蔡登山

　　1927年12月6日，美术家江小鹣因为要庆祝天马会成立十周年，举行一次盛大的平剧公演，两天公演的戏码，都派定陆小曼唱大轴。第一天《贩马记》要现学现排，原来由唐瑛饰赵宠，可是唐瑛有几句唱词转不过调来，一气之下就不学了。要俞振飞代替，俞振飞原来已在《群英会》里饰周瑜，他不愿舍彼就此，于是就想到昆剧、京剧俱佳的翁瑞午来代替。小曼的风流韵事，也从此推向另一个侧面。第二晚唱《三堂会审》，陆小曼演苏三，翁瑞午演王金龙，江小鹣演蓝袍，而红袍一角则由陆小曼硬拉着徐志摩去演。徐志摩为此在12月27日的日记写下了一段无奈而苦涩的文字，他说："我想在冬至节独自到一个偏僻的教堂里去听几折圣诞的和歌，但我却穿上臃肿的袍服上舞台去串演不自在的'腐'戏。我想在霜浓月淡的冬夜独自写几行从性灵暖处来的诗句，但我却跟着人们到涂腊的跳舞厅去艳羡仕女们发金光的鞋袜。"指的就是此事。据说徐志摩因对京剧完全是外行，在舞台上出了点洋相。演出时，他坐在桌后，可是他穿着靴子的双脚，总是不由自主地伸到桌帷外面，大概是因他写诗时养成的习惯。

　　陈定山在《春申旧闻》里也记载了此事，他说："小曼身体也弱，连唱两天戏，旧病复发，得了晕厥症。瑞午更有一手推拿绝技，他是丁凤山的嫡传。常为小曼推拿，真能手到病除。志摩天性洒脱，他以为夫妇的是爱，朋友的是情，以此罗襦襟掩，妙手抚娑之际，他亦视之坦然。他说：'这是医病，没有什么避嫌可疑的。'瑞午本世家子，父印若历任桂林知府，以画鸣时，家有收藏，鼎彝书画，累箧盈橱。"而据翁瑞午的女儿翁香光说，她的祖父也就是翁瑞午的父亲翁绶琪，当过桂林的知府，与画家吴湖帆的祖父吴大澂一起参加过甲午海战，也是位名画家。父亲幼承庭训，通晓书画，在香港英国皇家学院肄业，回上海后，从丁凤山学推拿医术，还学气功，给病人医病时，就运用内功，便手到病除了。

翁瑞午时时袖赠名画，以博小曼欢心。并有一身推拿绝技，常为小曼推拿，还真能手到病除。据陈定山说，翁瑞午还教小曼吸食阿芙蓉（但据翁香光说，小曼会抽鸦片是得自小曼的母亲，她是抽大烟的），试之疾立愈，于是小曼大喜，常常和瑞午一榻横陈，隔灯并枕。瑞午以阿芙蓉为小曼治疾，而终能掌控小曼之身体，亦如同当年志摩要小曼写日记，而终能驱之于小曼之心灵。这又何尝不是造化小儿的戏弄，亦或志摩无可摆脱之宿命乎？

而就在同年12月17日，《福尔摩斯》刊出一篇署名"屁哲"的文章《伍大姐按摩得腻友》云："诗哲余心麻，和交际明星伍大姐的结合，人家都说他们一对新人物，两件旧家伙。原来心麻未娶大姐以前，早有一位夫人，是弓叔衡的妹子，后来心麻到法国，就把她休弃。心麻的老子，却于心不忍，留那媳妇在家里，自己享用。心麻法国回来，便在交际场中，认识了伍大姐，伍大姐果然生得又娇小，又曼妙，出落得大人一般。不过她遇见心麻以前，早已和一位雄赳赳的军官，一度结合过了。所以当一对新人物定情之夕，彼此难免生旧家伙之叹。然而家伙虽旧，假使相配，也还像新的一般，不致生出意外。无如伍大姐曾经沧海，她家伙也似沧海一般。心麻书生本色，一粒粟似的家伙，投在沧海里，正是漫无边际。因此大姐不得不舍诸他求，始初遇见一位叫做大鹏的，小试之下，也未能十分当意，芳心中未免忧郁万分，镇日价多愁多病似的，睡在寓里纳闷，心麻劝她，她只不理会。后来有人介绍一位按摩家，叫做洪祥甲的，替她按摩。祥甲吩咐大姐躺在沙发里，大姐只穿一身蝉翼轻纱的衫裤，乳峰高耸，小腹微隆，姿态十分动人，祥甲揎袖捋臂，徐徐地替大姐按摩，一摩而血脉和，再摩而精神爽，三摩则百节百骨奇痒难搔。那时大姐觉得从未有这般舒适，不禁星眼微饧，妙姿渐热，祥甲那里肯舍，推心置腹，渐渐及于至善之地，放出平生绝技来，在那浅草公园之旁，轻摇、侧拍、缓拿、徐揎，直使大姐一缕芳魂，悠悠出舍。此时祥甲，也有些儿不能自持，忙从腰间挖出一枝短笛来，作无腔之吹，其声呜呜然，喷喷然，吹不多时，大姐芳魂，果然醒来，不禁拍桌叹为妙奏。从此以后，大姐非祥甲在傍吹笛不欢，久而久之，大姐也能吹笛，吹笛而外，并进而为歌剧，居然有声于时，一时沪上举行海狗大会串，大姐登台献技，配角便是她名义上丈夫余心麻，和两位腻友：汪大鹏、洪祥甲。大姐在戏台上装出娇怯的姿态来，发出凄惋的声调来，直使两位腻友，心摇神荡，惟独余心麻无动于中。原来心麻的一颗心，早已麻木不仁了。时台下有一位看客，叫做乃翁的，送他们一首歪诗道：诗哲当台坐，星光三处分。暂抛金屋爱，来演玉堂春。"

文中，余心麻是影射徐志摩，伍大姐是陆小曼，汪大鹏是江小鹣，洪祥甲是翁瑞午，海狗会是天马会。这篇文章，写得实在太肉麻了，引起租界巡捕房的干涉，以攸关风化为名予以检举，由临时法院处罚示儆。志摩夫妇和江小鹣、翁瑞午，觉得这处罚还是太轻了，便延请律师，向法院提起刑事诉讼。起诉的对象是《福尔摩斯》小报的主编吴微雨，还列有平襟亚。

平襟亚是何人？现在的读者都有所不知。其实他就是台湾皇冠出版集团老板平鑫涛的堂伯。平鑫涛在自传《逆流而上》中说："年轻时期的张爱玲和我堂伯平襟亚先生的《万象》杂志结下深厚的文学之缘，而后又和'皇冠'合作，前后五十年，与两个平氏家族的出版事业紧密携手，这样横跨两代的渊源，也许正如她第一本书的书名一样，可说是另一则'传奇'吧。"

平襟亚，名衡，笔名秋翁、襟霞阁主、网蛛生。江苏常熟人。1895年9月28日生。早年入私塾，十三岁在南货店当学徒。喜读小说，自学成才，当乡村小学教员。只身到上海，靠为报刊投稿为生。他根据社会传说加上笔记小说的数据，写成《中国恶讼师》，饶富趣味，颇适合小市民口味，出版后竟一鸣惊人。后来办《开心报》，因刊载名女人吕碧城的私生活，被吕向法庭起诉，潜往苏州。写长篇小说《人海潮》，一年后重返上海，在沈知方怂恿下，开办中央书店，将此书印行，销路很广。后又出版《人海新潮》、《人心大变》、《恼人春色》、《名家书简》、《作家书简》、《书法大成》、《李鸿章家书》、《秋斋笔谈》，又向世界书局沈知方借来《江湖奇侠传》的纸型重印，列入一折八扣书，极为畅销。后来大家提倡晚明文学，他又印《袁中郎集》，并搜罗了《说颐》、《五杂俎》、《小窗幽记》、《群芳清玩》、《雪涛书》、《紫桃轩杂缀》，凡十多种，作为《国学珍本文库》装箱发行，薄利多销，颇受欢迎。后来又创办《万象》杂志，起先请陈蝶衣担任主编。

当时主编与发行人合作之初，曾有过君子协定，主编得分享经济利益。当期刊的销售越佳，双方的矛盾也就尖锐起来。最后，陈蝶衣拂袖而去，急得平襟亚到处托人推荐编辑高手，唐大郎说："何不请柯灵出山，准行！"于是平襟亚就找到了柯灵。柯灵是1943年5月开始接编《万象》的。太平洋战争爆发，因中央书店有反日作品，平襟亚被日本宪兵逮捕，关押几十天，又被罚款，从此书店一蹶不振。1949年以后，中央书店参加通联书店，后来公私合营。平襟亚后来任上海评弹团的顾问，从事弹词写作，先后编创的长篇弹词有《三上轿》、《杜十娘》、《情探》、《陈圆圆》、《借红灯》、《钱秀才》等多部，均曾演出于书台，其中部分并成为保留书目。又被聘为上海文史馆馆员，"文化大革命"中受冲击，丧失记忆力，双耳失聪，靠侨居卢森堡的儿子经常汇款接济。1980年8月5日逝世。

据平襟亚的《两位名女人和我打官司》一文说，当时他尚在上海法政大学读书，还未当律师，空闲时在小型报名《福尔摩斯》三日刊上写些风花雪月的文稿，聊以消遣。《福尔摩斯》小报创刊于1926年，由胡雄飞任经理、吴微雨任编辑、姚吉光主持内政。经常写稿者有吴农花、胡憨珠、陈存仁、秦瘦鸥、平襟亚、陈听潮、沈吉诚等人。关于此篇文章的由来，平襟亚曾告诉陈则民律师说，在一个月以前的某一天，《福尔摩斯》报主编吴微雨等同他到夏令配克戏院观看陆、徐、翁、江（另有一人已忘了）合串京戏《三堂会审》，看后回到报馆闲谈，有人说陆小曼的苏三演得很不错，据说是翁瑞午一手教她的。翁原是个名票，曾和梅兰芳配角演出《白蛇传·断桥》，翁不但演小生拿手，早年也演过旦角《花田错》。又有人插嘴说："徐志摩自从英国回来后，与前妻张嘉钣（幼仪）离婚，和小曼在上海同居，俨然夫妇，可是，志摩是个忙人，上海和北平常来常往，未免使小曼感到寂寞，尤其是小曼经常有病痛，有人介绍翁瑞午替她按摩，同时教她学习京戏，迄今年余，她和翁的情感已不正常，志摩竟置若罔闻。"另一人说："今天的戏，理应志摩起王金龙才对，为什么让翁瑞午起王金龙，志摩起崇公道，那就仿佛把爱人牵上堂去给别人调情，这个穿红袍的江小鹣也是志摩的朋友，居然也胡得落调，他们简直是出丑出到戏台上大庭广众之间去了。"

平襟亚说："当时是随便谈谈，谁知道吴微雨综合他人的谈话，写了一篇文章，就在第二天送给我修改，我把中间黄色的句子删除，真姓名也全部改换，陆小曼改作伍大姐，徐志摩改作余心麻，翁瑞午改为洪祥甲，江小鹣改为汪大鹏，又在草稿上题了个'伍大姐按摩得益友'的标题。当时我交还了他，好多天没有见注销，直到我回苏州去后，他仍然照他的原作刊登于《福》报，而标题则仍用了我亲笔写的，只把'益友'改为'腻友'，去刻了木戳用在报上。所以这篇东西不能说完全不知道，但是文责应当由该报主编者吴微雨负担，为什么偏生要告起我来呢？"

律师告知平襟亚，此事主动的是陆小曼，实际上她和翁瑞午的情感的确不正常，若给报上揭露之后，她怎么还有脸孔见人？因此，她必须出全力办你处徒刑，才好借此洗刷自己的名誉。平襟亚问律师道："不知可能和原告和解化干戈为玉帛吗？即有条件，亦可磋商，何必使我代人受罪呢？"陈律师坚决地说："和解不成，惟有想对策，使本案不成立，让他们去碰壁，奈何不得你，也就算了。"于是平襟亚的另一位律师詹纪凤说："我们该出奇兵致胜，力避正面冲锋，我们要想出一个'明修栈道，暗渡陈仓'的妙策，包管他们措手不及，撞个鼻青嘴肿。"

于是只隔一天，平襟亚接到法院传票，巡捕房提起公诉，控他散布猥亵文字一案，要在第二天上午9时刑一庭开审。平、吴两人去找詹律师，詹却若无其事地说："你准时而去好了，这一案法律上没有处徒刑的，只罚几十块钱，怕些什么，根本用不着我律师，你明天退庭后，只要把这一张传票交给我，我还得派用场。"第二天在法庭上，平襟亚站在被告栏，巡捕律师便将《福》报呈堂，并说："平襟亚写作《伍大姐》一篇文字，内容涉于猥亵，刊登在《福》报上，营销给读者看，足以妨害善良风化，显然构成刑法上散布猥亵文字一罪，请庭上依法处罚。"庭长把文章看了一遍，即向被告先问姓名、年籍，再问下去道："平襟亚，这篇《伍大姐》的文章，可是你写的？"平襟亚回答："是的！"又问："捕房告你散布猥亵文字，你承认吗？"平襟亚回答："承认的。"庭上便立即判决，向平襟亚宣告说："处你罚金三十元，服不服？"平襟亚回说："服的。"立即退下，由吴微雨把三十元交给法院庭丁，便由庭丁在传票上写明："本案审结，处罚金三十元收讫。"平、吴两人拿了传票作为收条，交给詹纪凤律师。

又过了三天，平襟亚接到陆小曼等四人自诉告他妨害名誉等罪的传票，并指定第二天上午9时在法院第四刑庭审理。詹纪凤律师告诉平襟亚明天在庭上拒绝发言，行使"缄默权"，一切由他应付。

开审当日，法院第四刑庭挤得水泄不通，原告有陆小曼、徐志摩、翁瑞午、江小鹣、原告律师张一鹏，被告人平襟亚，被告辩护律师詹纪凤，此外还有原告带来的证人，至于观众有社会闻人、电影明星、戏剧名伶、交际花、名妓等。而当时高坐在堂上的庭长又是徐志摩的一位族弟，加上张一鹏又是名律师，陆小曼有些志得意满，认为这场官司必然稳操胜算。

开庭时，庭长首先问了原告的姓名、年龄、籍贯，和诉状上核对无讹，然后问被告。平襟亚闭口不答，庭长震怒，击桌呵斥他道："被告，你为什么装聋作哑，不回答问话？"平襟亚依旧不答。詹纪凤律师当即起立声明道："请审判长注意，本案已经过巡捕房提起公诉，由钧院传讯被告，判处罚金在案（并将上次传票一纸呈堂上作证）。依据刑事诉讼法程序上的规定，'一案不再审，一事不再罚'，所以今天再审，同一件事，同一被告，假如罚了再罚，是违反法律上的规定。被告人平襟亚他正在法政大学读法律，既不聋，也非哑，因非法审理，他拒绝发言，正是维护钧院的守法精神，假如一定要审理本案的话，被告得坚持不发一言。请审判长加以考虑！"这时辩方律师张一鹏起立辩称："公诉是属于妨害风化罪，今天自诉人告他的是妨害名誉罪，根本两件事情，不受法律规定的拘束，尽可以审下去，是合法的。"詹律师驳他说："文字只有一篇，犯罪的行为，只有一个，不能分为两案审理，作出两个判决，哪有分别处罚之理。本案自诉人应当在巡捕房提起的公诉开审时，参加诉讼，使法院合并审理，作出一个判决，才是合法的。如今公诉早已审结，被告已处罚金，原告只能作为放弃自诉权利。"张律师又辩称："在巡捕房提起公诉，开审的时候，自诉人哪里会知道，怎样参加诉讼呢？"詹律师又驳他说："法院在第一刑庭上公开审理，自诉人不能推诿为不知。法院没有通知自诉人前来参加诉讼的义务。张律师全无理由，请审判长依法处理。"庭长认为"一案不再审，一事不再罚"，法律有明文规定，因此，别说族弟不能帮族兄的忙；就是儿子也帮不上父亲的忙，他只好硬着手腕提起笔来下一个裁决，只有五个字："本案不受理。"

平襟亚算是打赢这场仗，全身而退。事后陈律师还是有些不明了，法院的公诉，怎么会在前天开庭的呢？詹律师回答他道："不瞒你说，这是我花了钱叫巡捕房稽查员把这篇文字交给捕房律师,立即向法院起诉,开了一庭,罚了三十元,种下了根,那就利用程序法取得胜诉。"平襟亚说:"今天我在庭上始终没有开口,正是'不着一语,尽得胜诉'。本人经过三场官司,胜读十年法律,做被告不以为苦,只当作实习,历练一番,获益匪浅。古人云:'久病成医',我将要'久讼成师'了。"当时还在法政大学念书的平襟亚,果然在毕业后,取得律师执照,以"平衡"之名挂牌开业了。

与平襟亚有半世纪交往,曾创办《海报》的金雄白说,《海报》拥有两枝骂人的健笔,一位是唐大郎,另一位是平襟亚。他说:"我与他(平襟亚)真是五十年的朋友,在战前不时同逛长三堂子(上等妓院),也一直在旅馆所开的长房间中每晚大谈其洋场风物,往往直到天明。他把听来的一切趣闻艳事,写成社会小说,以'网蛛生'的笔名出版过《人海潮》与《人心大变》两部说部,都曾风行一时,与以'百花同日生'为笔名的张秋虫,都称得上是地道的洋场才子。他与我是两重同业,新闻界外,他也以平衡的名字,悬牌为律师。又在上海麦家圈开了一家'中央书店',专门翻印旧小说,以一折八扣的廉价大量倾销。他为《海报》撰稿,用的是'秋翁'笔名,以尖酸刻薄的文笔,无日不骂人,也且无篇不骂人。一次,写了一篇《海上两富孀》,指的是李士群夫人叶吉卿与吴四宝夫人佘爱珍,李、吴都是赫赫有名的'七十六号'(案:汪伪特工总部)中人,在那个时候,试问有谁敢去捋她们的虎须,襟亚就认为她们不会对我怎样,竟然予以大肆讥讽。士群夫人就因此而恨我切骨,佘爱珍现在也在日本,这位未亡人亦且早已蝉曳残声,再嫁给自命为吴四宝生前好友的胡兰成,在日偶尔相见,她从不向我招呼,可见其余恨犹在。襟亚骂别人倒也罢了,他又写过一篇《海上两豪客》,骂我与我的另一位朋友(案:《申报》社长陈彬龢),指我享用豪奢,浪费无度。主要原因是为了面对跑马厅的国际饭店,已经算得上是上海当年最豪华的所在,其十四楼称为'摩天厅',是上海的高等社会宴舞之所,那时在十八楼又另辟了一处'云楼',专售法国菜,取价极昂,而我却几乎日日在那里邀约朋友宴叙。他的骂我,或系为此。而我反躬自省,自思确有其可骂与应骂之道,读后不仅一笑置之,还有些悚然赧然之感。"

平襟亚犀利的文笔,一如当年。

人物

金陵才女

—— 曾昭燏、游寿和沈祖棻的人生悲欢

岱 峻

"凤凰台上凤凰游,凤去台空江自流",历史上的六朝古都南京,是一个王气不足而文气氤氲的地方。原中央大学校园内[1]有一株六朝松,相传为一千五百多年前梁武帝手植,历经兵燹,幸存至今。近旁的南朝宫苑旧址上,楼起楼塌,曾建过明朝的国子监,民初的两江师范学堂……

1930年代的中央大学和金陵大学,一群女生曾在六朝松下的梅庵结社,名为"梅社",社员有沈祖棻、曾昭燏、游寿、尉素秋、章伯璠、徐品玉、杭淑娟、张丕环、胡元度、龙芷芳等,时人戏称为"金陵十二钗"。她们常在玄武湖、鸡鸣寺、扫叶楼等地雅集唱酬,还时邀授业诸师作文酒之会。曲学大师吴梅(字瞿安)[2]、汪东(字寄庵)[3]等乐而从游,并不时评介弟子佳作。最受赏识者,为点绛唇沈祖棻(字子苾,1909—1977)、霜花腴曾昭燏(字子雍 1909—1964)、齐天乐游寿(字介眉,1906—1994)。

这三位冰雪聪明的江南女子,祖上均曾为清代高官,八闽才女游寿年长三岁,潇湘才女曾昭燏与姑苏才女沈祖棻同年生日,前后仅差四天。中央大学毕业后,她们短暂分手,各谋生计,1934年10月又邀约考进金陵大学新成立的国学研究班,优游于象牙玲珑塔……

或许她们的血管里流淌着"原罪",或许她们与六朝都会的感伤记忆与遗民心态一脉相通,在一个改天换地的大时代中,她们比一般的知识女性经历和承受了更多的苦难。尽管她们选择了学术人生,但政治并不因此放过她们。几十年后,如同那株六朝松的宿命,历尽劫难,她们终有大成:曾昭燏以考古学家、博物馆学家名世,沈祖棻被誉为"当代李清照",游寿则以书法成为"百年书坛第一女性"。

悲耶,幸耶?曾经鲜活的生命和灿烂的文字,而今已成为一页页发黄变脆的历史。今年值曾昭燏、沈祖棻百年冥寿,"祝公寿共诗书久,一瓣心香己敬焚。"世上定会有无数的仰慕者,向天遥祭……

金陵游学

三四十年代,南京以中央大学和金陵大学为代表的金陵学派,注重传统,国学基础扎实,尤擅考据之学,与北大革新鼎故的学风各有千秋。教授汪东、胡小石、王伯沆、吴梅、黄侃、柳诒徵等,各有专学,俱擅诗文辞章,也在两校互相兼课,学生因此尽享转益多师之幸。

游寿曾回忆老师的板书:"当时在课堂上,看到俊秀、豪放各种板书心生向往。当年南京中央大学的中文系,国内古典文学大师聚集,如词曲学家吴梅俊逸的板书,二汪(旭初、囚坦)的流利板书,黄侃虽不大写板书,也偶然写几次,有他的俊爽之气。而我独好胡小石板书,豪迈卓逸。他板书写得很快,也自己擦去,坐在前头的同学有时起来替他擦,其实许多同学舍不得擦。"[4]

山阴道上,目不暇接,书法家游寿或许由此上路?

1906年,游寿生于福建霞浦县。高祖游光绎为清乾隆年间进士,授翰林院编修,任陕西道监察御史,去官归闽后掌教福州鳌峰书院,一代名宦林则徐即出自其门下。少年游寿初学于福州女子师范学校,被誉为"闽东四才女"之一。因参加学运,回乡避祸,曾接掌县女子高等小学校长职,是年二十岁。北伐期间,她在国民党福建省党部做妇女和青年工作,后躲避"清党",于1928年遁入中央大学校园,自此终身追随恩师胡小石,重点研究先秦文献、小学和书法。"求篆于金,求隶于石"(胡小石语),游寿承袭了清道人李瑞清开其端、胡小石踵其后的金石书法流派,挥洒于甲骨、金文、汉魏石刻之间。

金陵书坛泰斗胡小石也长于诗,生平所作七绝,神妙隽美。散原老人曾赞其

"仰追刘宾客,为七百年来罕见"。女弟子曾昭燏云:"先生为文,以龙门为宗。于诗,潜心陶谢与工部特深,又酷好谢翱,所作绝句,直追中晚唐。偶作小令,有宋人风致。"[5]

曾昭燏是曾国藩的胞弟曾国潢的曾孙女。祖父曾纪梁与父亲曾广祚都是秀才出身。曾昭燏先在湘乡老家富厚堂曾氏私塾发蒙,十二岁入长沙艺芳女校。该校是堂姐曾宝荪[6]和堂兄曾约农得亲友赞助,在祖产百亩浩园的基址上兴办的,两姐弟以教育为重,不婚不嫁,也影响了曾昭燏的一生。

1929年,曾昭燏考入中央大学外语系。其兄曾昭抡担任该校化学系教授兼化工系主任,嫂嫂俞大纲也是外文系教授,兄嫂对她的学业多有关照。她入学第二年即转入国文系。据游寿说:"有一天遇到曾昭燏,她在外语系一年级,我叫她转到中文系,学文字学,再学一点文献、考古文物,这样前途较广阔。她在第二年转到中文系,以后我们共同构写了甲骨文前后编,用蝉翼笺影写,请胡小石先生题词。"[7]

从师胡小石,曾昭燏有一段回忆:"余自1931年秋始识师。其时师在金陵南雍[8]讲甲骨文及金文课,余往听课,惊其引证之淹博,说理之致密,自是有课必往听,亦登门请益。师手写声韵表及说文双声字例,皆命余誊录一遍,余略知古文字声韵之学,皆师之教也。"

曾昭燏还记下师生唱和、其乐融融的情景:"师生平喜诵吴梦窗《点绛唇》'明月茫茫,夜来应照南桥路……'一词,用其韵至再至三,群弟子亦和之。余和曰:'小阁飞空,一池碧映垂杨路;绛云深处,听尽潇潇雨。'"

1935年3月,曾昭燏告别师友,自费赴英伦留学。1936年5月,金陵大学国学研究班主编的《文史丛刊·小学研究》上还刊有她的论文《读契文举例》,不过此后她的研究方向已开始嬗变,从文字转向器物,从案头走向田野……

1932年春天,中央大学中文系词选课教授汪东欣喜地从学生作业中读到沈祖棻的那首词作《浣溪沙》:

芳草年年记胜游。江山依旧豁吟眸。鼓鼙声里思悠悠。

> 三月莺花谁作赋？一天风絮独登楼。有斜阳处有春愁。

汪先生对九一八事变后的风云变幻在一个少女笔下有如此婉曲深透的反映，大为惊讶，约她谈话，加以勉励。从此，她对于学词的兴趣更大，也更有信心了。[9] 汪东先生亦曾云："余女弟子能词者，海盐沈祖棻第一。"

海盐是沈祖棻的祖籍，她于1909年出生苏州。其曾祖父沈炳垣是清咸丰内阁大学士，咸丰皇帝的老师。祖父沈守谦精于书法，与画家吴昌硕、词人朱孝藏交好。沈祖棻自幼浸润书香墨染，少即能文，中学就读于上海，1930年考入上海商学院，1931年转学至南京中央大学中文系。

中央大学文学院重视诗词曲赋教学，吴梅教授"词学概论"，布置学生习作，以锻炼技巧为主。据尉素秋回忆："吴师则担任一至四年级词曲必修和选修课程。一年级的《词学概论》一开始，规定每两周填词一首，限制很严，尽选些僻调、难题、险韵。……他虽逼得紧，批改起来却很认真，朱墨鲜明，连圈点也一笔不苟，和印出来的一般。"[10]

转学次年，沈祖棻即拜门吴府。吴梅曾写到初见沈祖棻的情景："晚间王嘉懿率二女生至，一名沈祖棻，一名龙沅。沈极美，又是吴人，吾妇颇投契也。"从此，沈祖棻常与同学曾昭燏等一起去向吴先生请益。师生间感情融洽，甚至一起吃馆子、看电影。吴梅日记中有"昭燏、祖棻、桐荫陆续来谈，午时去"，"改金大生词卷，苦无佳者，只女生沈祖棻、曾昭燏，男生高文、章荑孙尚可"等记载。[11]

沈祖棻也曾说："在校时受汪东、吴梅两位老师的影响较深，决定了我以后努力的词的方向，在创作中寄托国家兴亡之感，不写吟风弄月的东西，及以后在教学中一贯地宣传民族意识、爱国主义精神。"[12] 良师点拨，耳提面命；同窗砥砺，春风化雨。沈祖棻的词作逐渐洗去铅华，清空景象，蔚为大气。

教授王易，字晓湘，号简庵，江西南昌人，毕业于京师大学堂[13]，著有《国学概论》《词曲史》《乐府通论》等，他与汪辟疆、柳诒徵、汪东、王伯沆、黄侃、胡翔东等，合称"江南七彦"。王晓湘虽博古通今，然讷于言辞。每当他在文学院（也称中山院）上课，学生皆苦不堪言。时，他授"乐府通论"讲北齐敕勒歌："敕勒川,阴山下。天似穹庐,笼盖四野。天苍苍,野茫茫,风吹草低见牛羊。"善谑的女弟子游寿仿体例吟道:"中山院,层楼高。四壁如笼,鸟鹊难逃。心慌慌,意茫茫,抬头又见王晓湘。"众人闻之无不莞尔。晚年沈祖棻回忆当年,犹叹曰:

> 犹忆春风旧讲堂,穹庐雅谑意飞扬。
> 南雍尊宿今何在,弟子天涯鬓亦苍。

这群调皮女生还捉弄过"情痴"吴宓教授。吴宓自称古典主义,却非常浪漫。1921年,他留美归来,与妻子结婚;1929年又离婚。最早在美了解其妻情况,即通过毛彦文,后又因移情毛彦文,与妻离婚。落花有意流水无情,毛彦文后来嫁给六十六岁的失势的政坛精英熊希龄。"吴宓苦爱毛彦文,三洲人士共惊闻",吴宓把自己的隐私公诸报端。苦闷之极,有时在课堂上也宣泄他的"忏情"。游寿与沈祖棻等经过一番密谋,假托红颜致信吴宓,并附情诗多首。吴宓看到那些隽美的文字信以为真,喜出望外,曾去函询问汪东先生,汪先生自然一头雾水。回忆那次恶作剧,沈祖棻有诗道:

> 少年好弄惯操觚,共把风情戏老儒。
> 见说尖酸到文字,独怜结习未能无。

少年倜傥不知愁,诗酒风流云散尽。三十年后(1963年),沈祖棻金陵重游,诗中有"犹记芸窗共一编,几回风雨对床眠","共谱新声学宋贤,写愁犹意乱离年。旧词忘尽劳君记,诵到游仙第几篇"等忆旧的诗句。程千帆笺注:"祖棻所作游仙词,十首见词集乙稿,子雍(曾昭燏)皆能背讽,于席间诵之也。"沈祖棻与老友曾昭燏南京重逢,已值"白发唱黄鸡"的暮秋时分。

丧乱飘流

"渔阳鼙鼓动地来",卢沟桥惊变,结束了这群金陵才女的青春梦,战火驱赶她们仓皇上路，一再播迁。

沈祖棻读研究生时，认识了小她四岁的金陵大学中文系本科生程千帆。据程回忆："当时三四年级的学生成绩好的，可以听研究班的课。这样，我就有机会同她接触。后来打仗了，我们从南京逃到屯溪，就在那里结了婚。"避难安徽，"楚辞共向灯前读，不诵湘君诵国殇"，新婚不到半载，日寇进逼，惶恐之中，沈祖棻只得先行入蜀。据程千帆云："南京既陷，屯溪亦危。余因督课有责，难以遽行。祖棻与学生四人先乘汽车去安庆，再溯江西上。新婚乍别，难以为怀，故有独行、临歧之诺也。"

1939秋，夫妻在巴县团聚，且与中央大学恩师汪东、汪国垣（字辟疆），同学章伯璠、尉素秋、杭淑娟、赵淑楠等重逢。沈祖棻写下《喜迁莺》：

　　重逢何世？剩深夜，秉烛翻疑梦寐。掩扇歌残，吹香酒酽，无奈旧狂难理。听尽杜鹃秋雨，忍问乡关归计。曲阑外，甚斜阳依旧，江山如此。　　扶醉。凝望久，寸水千岑，尽是伤心地。画毂追春，繁花酝梦，京国古欢犹记。更愁谢堂双燕，忘了天涯芳字。正凄黯，又寒烟催暝，暮笳声起。

暮笳声起，旋即逃离。数年之间，沈祖棻和丈夫时聚时散，分别在四川乐山、成都两地，执教于内迁的武汉大学、金陵大学及当地的四川大学、华西协和大学等校。困卧愁城，金陵故人旧景是词人心中永远的情愫，沈祖棻写下"几番夜雨，隔乱云，凭谁问讯巴山"，"负心期，药里商量，小窗烧烛对床眠"，"歌扇飘香，珠灯扶醉，清欢忍记当年"，"记秦淮，胜游欢宴，惊风何事吹散"等词句。

沈祖棻少小离母，由祖母带大，后来和胞妹祖芳一直随父生活。1937年父亲和妹妹去上海探亲，遭遇"八·一三"炮火，滞留在沪；沈祖棻则到了四川。八年离乱，好不容易盼到抗战胜利，殊不知妹妹与父亲竟已在上海病故。她在《闻倭寇败降有作》的词中写道：

肠断吴天东望，早珠灰罗烬，乔木荒寒。故鬼新茔，无家何用生还！依然锦城留滞，告收京，家祭都难。听奏凯，对灯花街泪夜阑。

胜利后的东归，民众寄望国家复兴的美梦化为泡影。1946年，沈祖棻作《浣溪沙》六首，其中一首写道：

眦裂空余泪数行，填膺孤愤欲成狂，人间无用是文章！ 乱世死生何足道，汉家兴废总难忘，病帷惊起对残釭？

苦难远不是尽头。沈祖体弱多病。1947年，三十八岁的沈祖棻剖腹产，女儿丽则降生。产后，沈祖棻身体越来越差，四处求医，最后才发现剖腹产时庸医竟将一团纱布遗于腹中，以至发炎化脓，经多次手术治疗才基本痊愈。
……

"国家不幸诗家幸，话到沧桑语始工"，沈祖棻以一部战乱流亡忧生忧世的《涉江词》，获得了"易安而后见斯人"（朱光潜评语）的称誉。

曾昭燏留学英国，1937年获伦敦大学研究生院考古学硕士学位，旋前往德国柏林国家博物院实习。异国他乡，她仍有作诗填词的雅好，曾作《浣溪纱》：

秋月凄清倍可怜，娟娟素影满江天。忍看离别自年年。
绕径娇花微泣露，傍他残柳半笼烟。西风吹袂小桥前。

1937年1月中旬，曾昭燏和同学吴金鼎、夏鼐等迎来了赴英讲学的中央研究院历史语言研究所（简称"中研院史语所"）考古组主任李济。李济曾是哈佛大学人类学博士，他组织的十四次安阳发掘和整理的殷墟发掘报告，赢得了国际声誉，也引起这几位学习考古的中国留学生的特殊兴致。李济在伦敦不幸患病住院，幸亏曾昭燏与吴金鼎夫人王介忱轮流照料，经过二十余天的治疗他才逐渐康复。李济也关心他们的未来，并动员他们日后回国服务史语所或中央博物院（简称"中博院")筹备处,参加田野考古。

1938年9月,年方而立的曾昭燏舍弃在伦敦大学考古学院任助教的优裕条件,回到抗战烽火中的祖国,应李济之邀,来到已迁至昆明的中博院担任专门设计委员。刚到龙泉镇驻地,她就遭受了人生的重大打击。1938年,故乡湖南湘乡沦陷,母亲避难昆明,仓皇奔走,积劳成疾,药石罔效,不幸病亡,葬于中博院所在的龙泉镇瓦窑村的右山上。泪眼和墨,曾昭燏写下奠文,文中有"烽燧满天,乡邦难返,谨奉遗体暂厝昆明近郊,一俟寇氛肃清,江南底定,当扶柩而北归,庶合葬于先垄"等誓辞。古人将节哀报国称为尽"达孝"。曾昭燏忍悲吞泣,很快参与了中博院组织的苍洱古迹考察。1939年11月至1940年4月,她与吴金鼎夫人王介忱一起,主持了云南大理的马龙、佛顶甲、龙泉等七处遗址的发掘,"所从事的田野工作及其方法正代表了当时英国甚至可以说是世界的较高水平"。考古现场,从来就是男人天地,而此次发掘从主持到工人全是妇女——"女性考古",开创了中国田野考古的新纪。发掘闲余,曾昭燏写了几首小诗,兹录其一《寄怀子淋约廉柏林》[14]:

  金袄凌风绝世姿,参天雕柱亦威仪。
  一城芳草终季绿,惆怅无籁共赋诗。
  丧乱飘流各海涯,月明同动故园思。
  秦鬟妆镜今犹昨,休话莫愁夜泛时。

1940年,日机再度轰炸昆明,中博院与中研院史语所等单位将迁往四川南溪县李庄镇。此时,曾昭燏临危受命,担任了中博院总干事,负责日常工作,襄助主任李济。

1941年,曾昭燏参加了由中研院史语所、中博院、中国营造学社三家合组的川康古迹考察团,团长吴金鼎,团员有夏鼐、王介忱、赵青芳、高去寻、陈明达等。首选目标是位于岷江中游的彭山江口镇汉墓。她后来在《永元残墓清理报告》中写道:

1941年6月12日，与吴金鼎君自寂照庵北行，往寨子山调查。于山之西向半腰上，见有近代石工所开之大缺口，其近处有一洞，盖一已开之崖墓。入其内，见墓室尚完好，唯石椁破片与泥土堆积不平。吴君忽于墓之尽头处左侧，发现一内室，室门外两侧石上，各有刻字一行。向内一行过暗，不能读。向洞口一行，有"永元十四年三月廿六日"字样。既已知墓之年代，当即决意全部加以清理。

15日，再往访此墓，为内室门侧刻字二行作拓片。内室不见天光，甚暗，持灯入，见瓦棺残片及泥土堆积，于土中拾得残陶数十片而归。

16日，率一工人往，将内室瓦棺碎片，堆于一处，室内泥土，全清理一遍，凡遗物皆为拾出。

19日，清理外室左面石椁内之积土。

20日，为内外二室作平面剖面各图，工作遂毕。[15]

曾的文字表明，当时的发掘已按照现代田野考古的科学方法操作，其地层学和类型学方法得到了很好的应用。

1943年7月，曾昭燏与李济合著的《博物馆》一书由重庆正中书局出版。此书是曾昭燏在柏林国家博物馆和慕尼黑博物院两次实习所完成的报告的基础上写成的，全书通过对欧美博物馆的考察，结合中国的实际情况，提出了对博物馆的组织、管理、建筑设备及收藏、陈列、研究、教育等工作的基本原则和要求，代表了当时博物馆学研究的最高水平。这年下半年，李济与曾昭燏还一起在成都、李庄和重庆三地筹办了展示人类初期文明遗存的"远古石器展"。仅在李庄的展出，据李济的描述，一日参观人潮达八千人……

李济与曾昭燏，一个是中博院筹备处主任，一个是总干事，一男一女工作配合默契，免不了招人非议。史语所所长傅斯年就曾在1945年1月4日的日记里写道："曾于济之信服之至，亦怪事也。"[16]李庄也流传过曾昭燏与李济之间的绯闻。我曾就此询问过李济之子李光谟教授。他说：

父亲一辈子热心博物馆事业，父亲最喜欢的一句格言是"在人类之间增加知识和传播知识"。因此，专著《博物馆》中肯定是有父亲的思想，父亲也必然增加了一些内容。但应该说主要是曾先生的著作，当时为了提高曾先生的知名度，父亲不过是看过稿子，就挂了个名。[17]

李光谟认为，父亲与傅斯年的分歧之所在，也正是与曾昭燏接近的原因。接下来，他也不介意父亲的"隐私"：

> 关于李济和曾昭燏的事，有人传过，后来中博院、史语所也传过，傅先生的一份已公开的日记中好像也影射过这件事。当时这种传言，也闹到母亲那里了。母亲很生气。曾先生人长得也不是很漂亮，老小姐一个。我父亲至不至于跟她有什么不轨的事，我很难想像。这桩事我以为有点不正常，恐怕有人际关系的纠葛在里面。曾昭燏管博物院具体的事，父亲是筹备处主任，曾是总干事，主持日常工作。曾先生管事很多也很细，不清楚的都要问，因此会开罪一些人。她当时四十上下，父亲也就五十岁左右，他们谈工作的时候不一定都在大庭广众之中，有时需要在办公室谈，比如研究人事之类的事。就有人风言风语，看到曾大小姐到主任室关了门，很久不出来……李庄张家祠那个地方，百鹤门窗，人在外面往里看，什么都一览无遗。[18]

常识是谣言的克星，如同阳光下，晨霜瞬间就会消失。但在那个狭隘的时空，谣言尤其是绯闻成了一种喜闻乐见的消遣。于是，谁都可能忽视常识。

蔡元培曾评价过一种女性，"对于研究学问或改造社会有特别兴会，超乎性欲与狭义的爱情之上，那自可守独身主义，抛弃为妻为母的职责，而委身于学问、社会。"曾昭燏的堂姐曾宝荪就曾明确宣告："我如果结婚，顶多能教育十个子女；不嫁人，全心奉献给教育，我可以有几千个孩子。"考古学家曾昭燏也早就抱定了独身的想法，舍弃了一个女人的权利，只想为积弱积贫的国家和多灾多难的同胞做一点事。

1941年,游寿与曾昭燏又在李庄相聚。但这段日子对游寿来说,却是极不愉快的记忆。

游寿自金陵大学研究生毕业后,随夫宦游。其夫陈幻云先任江西临川地方法院首席检察官,后调陪都重庆司法院司法行政部任编审。游寿随之到四川,先应恩师胡小石之邀,在江津白沙的国立女子师范任讲师,后离家到了李庄。与丈夫分居的原因,或为战时知识女性求职不易;而去一个远离重庆二三百公里的边远小镇,定是把学术看得高于家庭与个人。游寿说,曾昭燏"要打开'善斋'一批青铜器,便找我去。在旧中国,一个研究金石的人能看到拓片就可满足,现在能看到许多青铜器,太好了。于是我辞掉了教学工作去参加。在这阶段,我不但参与整个'善斋'青铜器,而且还看到留在箱库中未发表的安阳青铜器。……由于凌先生(凌纯声)和向先生(向达)是南京学友,有时互相谈谈所学,有时也流露出依人之叹"[19]。

"依人之叹",多半指傅斯年的党同伐异,史语所进人多是挑选北大生,而中博院的李济、夏鼐、吴金鼎等"海归派"与金陵学人做学问的路数也大异其趣。游寿或许觉出了学术上的孤单,于是到中博院一年后又改去了史语所,作善本书库的管理员。

史语所在一个山坳里,离镇上有七八里地。但竹荫掩映中,有一座战时中国最好的文科图书馆,有二十多万册中外典籍。借用墓志考证史事,是游寿早已擘画好的研究课题。

彼时,知识分子的生存状态十分艰难。1944年6月21日,所里有一封致她的函,"前日见揭贴,深感悚异,执事如以为不可,一言即决,何至出此类揭贴。今既如此,只有与王君对换房屋,并无他法,即希照办。"[20]事件的起因或许是房屋纠纷。在李庄板栗坳,房屋问题曾困扰过很多人。所里对其他人的住房问题或许不至简慢,会不会因为游寿"人微言轻"而备受冷落?于是致使游寿铤而走险"粘揭贴"。

不及两年,游寿心力交瘁。1945年1月25日,她函呈傅斯年"因病暂请给假三日"。2月21日,又写了一张无期的假条,理由是"因旧疾复发,又因家乡沦陷,暂欲赴渝一行"。依傅斯年愤世嫉俗的性格,不难想像他读这封信的心情。

他办史语所，实行的是英国培根所说的"集团式的研究方式"（胡适语），强调统一意志和纪律保证。一个萝卜一个坑。游寿的离去，史语所将牵惹一连串的麻烦事。

据游寿晚年弟子王立民诉，她与丈夫陈幻云的婚姻鲜为人知。李济之子李光谟、董作宾之子董敏也曾告诉过我，李庄的研究人员都有些惧怕游寿和曾昭燏这两个老处女，从另一面也证实了王立民所言无虚。如果她在重庆有家有丈夫，请假回家或许人们都能理解。但她不提此事，定然是有难言之隐。众人不辨就里，对她时走时归，多有微词。

此一去，游寿前后耽误了四个多月，7月中旬回到李庄，她还惦着自己的论文。8月15日，她向傅斯年写信："归所月余，姑整理未竟之稿，拟东归前墓志史料第一辑可完成，唯拓片尚封存室内。倘谕彦堂先生准予取出历代墓志，是公私两便。仍乞裁夺。"这事显然办得不顺。8月25日，她再致信傅斯年，"年来受闲气盖平生未有，常恐冒渎神听。然以防微杜渐，聊试一鸣，君子不欲高上人，固不与所中旧人寻仇。"

抗战胜利，曙光降临。游寿抓紧时间整理自己的著作，1946年春节刚过，即致书傅斯年："《冢墓遗文史事丛考》已于三十四年草讫，呈送岑仲勉、陈槃两研究员，指示之点，亦已改定，极想早日付梓，如何呈交，请核示。"完成这部文稿，当是游寿李庄四年最大的欣慰。但随着与史语所关系的僵化，最后处置，就成了问题。

3月5日，游寿再致傅斯年一信："本所还都计划已奉命在五月以后，职夏日多病，欲先下渝觅交通机会，至都日既向所中前所派人员报到，并听其指命，伏恳赐准。"同一内容的信，她再也分致董作宾。

傅斯年的回信措辞严厉："执事未得董先生同意，自作主张，自行离所，应自离李庄之日起，以停止职务论。"事若至此，或许尚有转机，但游寿性格耿直，不会屈尊就纡。她在回应傅斯年信的同时，又致董作宾一信："此次请示先行归京经过，不图先生背后报告，傅所长有停职通知。今且忍耐不言，顷再缄倘以为不得擅行还京者，即重返李庄。"

本来游寿的论文《冢墓遗文史事丛考》已收入史语所在李庄的研究论文总汇

《六同别录》,但傅斯年坚决下令将游寿的论文撕去。同事那廉君向傅斯年写信求情:"《六同别录》已装订成册,如撕去游先生一文,势必重新装订,并改封面,此举是否可免,敬乞告知。"傅斯年固执己见,一意孤行。

"平生志在为学,岂效区区作驽马恋栈耶……"游寿在收到傅斯年解聘信三天后,终于挣脱了羁绊,吐尽湿气,回到重庆。

痛定思痛,痛何如哉。游寿在所作的《伐绿萼梅赋》中,以遭恶人砍伐的绿萼梅自况,她写道:"处士过此而盘桓,妒妇见之亦恨嫉","熏莸臭味既殊趣,清浊浮沈又甚分","甲第混负贩,同贵贱而联翩。或无为而称治,或损益以求贤"……可惜这些文字只能安慰自己。

性格即命运。对于游寿的"少慕狂狷,率性任情",作为知根知底的老同学曾昭燏,恐怕已爱莫能助,只得暗中叹息。

如晦的风雨总算过去,东归的帆影又点亮流浪者的眸子。四川是战乱中曾昭燏、游寿、沈祖棻遮风避雨长达数年的地方,一山一水,一草一木,物物关情。沈祖棻曾在组诗《岁暮怀人》的最后一首,道出心中的郁结:

巴山自碧蜀山青,千里枫林入杳冥。
莫拟乘舟上三峡,鹃啼猿啸不堪听。

天涯相望

战争结束,曾昭燏先后参加了李济领导的"战时文物保存委员会"和"清理战时文物损失委员会"。中博院迁回南京后,1947年李济辞去筹备处主任职,由曾昭燏仍担任总干事。在她的主持下,中博院大殿修建工程已经竣工。1948年年底,她加入联合国博物馆协会,为当时我国参会的九名会员之一。

当时,国民党政权风雨飘摇,败局已定,开始退守台湾。曾氏家族及亲友已有多人到了台湾或香港,如曾昭燏的哥哥曾昭承、妹妹曾昭楣以及俞大维家族等。她选择留下来,可能与北大任教的二哥曾昭抡二嫂俞大𬘡的劝说有关,也可能是因为中博院大殿凝结着她的汗水感情和责任。朱家骅、翁文灏、杭立武、傅斯年等商议，决定将故宫、中博院和史语所的文物迁往台湾，由李济执行押运。曾昭燏闻讯后坚决反对，她于12月7日致函杭立武："此次遵照理事会决议……运出文物在途中或到台之后，万一有何损失则主持此事者，永为民族罪人，职对此事虽无责任，然为本院保管文物已七八年，对于诸物有浓厚之感情，知有各种危险，岂可缄然。"

与她取相同立场的还有中研院社会所所长陶孟和，他们在1949年3月6日的《大公报》上联名发表了题为《搬回古物图书》的文章。4月14日，曾昭燏还与徐森玉、王家楫等联名发表公开信，呼吁将已运往台湾之文物运回大陆。

李济对此事的回应，我听李济之子李光谟讲过。他说：

> 父亲发表了一个公开宣言，记得好像不是他一个人署名，还有另外几位。声明中说，你们说这批东西应该运回大陆，意思是运到台湾去就不是国内了？我们又没运到国外去。我工作了一辈子经过的事太多了。一件事是战后被国民政府派到战区查询日本人抢掠的东西，到了长春。我可知道，俄国人进到长春去解放长春抓走溥仪的时候，伪满洲行官即溥仪官殿里头，北京故官最珍贵的东西都在那里，全部一抢而空。这个账可是怎样算？另一件事，历史上曾老九[21]打南京的时候，屠城三日，不但杀人，金银财宝满地都是，文物也是。南京太平天国掠了好多民间的财物，最后一概都被曾老九抢走了。——这是有所指的，陶先生那篇东西，你曾昭燏可签了字！[22]

这批人过去是师友或同事，思想上大致可归于自由主义知识分子一类。随着旧政协会的破裂，国共战争宣判了第三条道路在中国的失败，也迫使自由主义知识分子作出非此即彼的选择。当初，圈子里流传李济与曾昭燏的绯闻，虽属无稽，但也可见两人感情不薄。而今，楚河汉界，真刀真枪，互相杀戮，真让人扼腕叹息。

随着新政权的诞生，曾昭燏迎来了人生的第二春。1951年她被文化部任命为南京博物院副院长，1954年任院长。毛泽东在一次讲话中谈对知识分子的改造和使用政策时还特地提到她说："曾国藩的后代,还有个叫曾昭燏。"

作为曾国潢的曾孙女,她渴望洗清血液里流淌的"罪恶"。她曾写下《读李秀成自述手迹》七律二首:

　　一火金陵万屋墟,焚身犹欲救池鱼。
　　百年心事分明在,试读名王自白书。
　　万家春树感深思,苍哭江南尽泪痕。
　　身后是非谁省识,欲从遗墨共招魂。

　　旷代功勋旷代才,擎天高柱复危榱。
　　缘何一着差终局,百战英名付劫灰。
　　鸿毛岱岳须臾事,取舍分明是丈夫。
　　寄语世人须着意,亲仇有界莫模糊。

李秀成是曾家打下金陵时的俘虏,但诗中曾昭燏却把他看作旷世奇才,而把先祖视为"一火金陵万屋墟"的罪人。咏史言志,诗人意在表明自己的爱憎。

在知识分子思想改造运动中,曾昭燏主动要求参加土改。以后的每次政治运动,她也总是率先"洗澡",脱胎换骨,接受教育。1957年,她的哥哥、高教部副部长曾昭抡被打成大右派,她的亲戚中有多人被"划右",她面临着种种压力。1962年3月,她最敬重的老师胡小石去世,精神上再受打击。随着"四清"运动的来临,曾昭燏陷入恐惧与不安,患了抑郁症,住进南京丁山疗养院接受医治。

1964年国庆,已是她谢世前的两个月,她写下《沁园春·庆南京解放十五周年》一词,词中有"金陵万户生烟,看白叟黄童笑口妍。喜湖山佳丽,花明柳萃,风云会合,谷换河迁。千载名城,太平何易?伟绩丰碑合永镌"的句子,表明了自己对历史选择的无怨无悔。

1964年底,第三届全国人民代表大会召开前夕,躺在病床上的曾昭燏收到烫金的代表证书,她毫无表情,目光呆滞,对老同事凄然地说:"别再宽慰吧,我不行了!"

关于她弃世的先兆，有人在一篇文章中写道：

> 1963年初[23]的春节过后的第一个礼拜天，我在祖庆年家中遇到了蒋虹丁，蒋听曾昭燏的侄儿曾宪洛说："曾昭燏在年初三[24]跳灵谷寺北塔自杀了。不准家属去看尸体，也不准到火葬场去看火化，也不许登报、开追悼会。"他说，曾是九三学社成员，春节前，在民主党派的座谈务虚会上，大家都说"形势大好"，曾昭燏突然来了一句说："我看你们都是佞臣。"这一下捅了马蜂窝了，大家群起质问曾昭燏："我们怎么是佞臣？"曾昭燏立即起身离开会场。[25]

1964年12月22日，曾昭燏提出去灵谷寺散心。她让南京博物院的小车送她在灵谷寺前，然后把一包苹果塞到司机怀中，轻轻地说："你请吃吧，我去去就回。"半个小时后，灵谷寺塔上，飘下一道身影……

曾昭燏以这种方式结束了她五十五岁的生命。也许，她已预感到一场巨大的灾难正悄然临近。1966年的"文化大革命"开始，她的墓被砸，家被抄，亲眷被扫地出门，她集毕生心血所藏图书一夜之间被一抢而光……

十年后，同窗好友沈祖棻在《岁暮怀人四十二首》中写诗怀念她：

> 湖边携手诗成诵，座上论心酒满觞。
> 肠断当年灵谷寺，崔巍孤塔对残阳。

程千帆笺："此可参前怀子雍诗（《屡得故人书问，因念子雍、淑娟之逝，悲不自胜》）。首句即前诗'旧诗忘却劳君记'也。次句即前诗'一言知己曾相许，绕指柔含百炼钢'也。"[26]

共和国建立之初，程千帆曾任武汉大学中文系主任，沈祖棻作为家属住在武大校园。1952年，她应邀去苏州江苏师范学院任教，1955年因院系调整又到了南京师范学院，1956年调到武汉大学，夫妇重又团圆。然好梦不长，一年后的

"反右"运动,程千帆被错划为"右派","文革"中在湖北沙洋接受"改造"。于是,病弱的沈祖棻在挑起全家生活重负的同时,还要承担巨大的精神压力。唯一的安慰是与"右派"丈夫心有灵犀,青鸟殷勤。她在一首诗中云:

> 千帆沙洋来书,有四十年文章知己、患难夫妻,未能共度晚年之叹,感赋。
> 合卺苍黄值乱离,经筵转徙际明时。
> 廿年分受流人谤,八口曾为巧妇炊。
> 历尽新婚垂老别,未成白首碧山期。
> 文章知己虽堪许,患难夫妻自可悲!

当时有人要她与程千帆离婚,她只平静地说:"他是个书生。"从"新婚别"又到"垂老别",凄苦孤寂之中,沈祖棻写诗向丈夫诉说:"伤心家似客,附骨病成魔。同室期应远,移居愁更多","多病思良伴,长离岁旧盟","十年春梦总成婆"……

独守陋室的日子里,沈祖棻的生活全赖在武昌关山工厂做工的独生女丽则的悉心照顾。1974年外孙女早早的出生,给沈祖棻带来莫大的欢愉。她在《早早诗》中写道:

> ……
> 暂留伴家家,不随父母归,
> 邻人来相问,家中有阿谁?
> 爸爸在厂里,妈妈值班期。
> 爷爷放牛去,家家是老师。
> 因取眼镜带,一册两手持,
> 为摹看书状,迂腐诚可嗤。

这个结尾,如同苏东坡的示儿诗:"人家生子盼聪明,我被聪明误一生。我盼我儿愚且鲁,无灾无病到公卿。"

程千帆被改造了二十年,仍在就地"消化"。有一次两牛相斗,他去拉扯,被撞折腿骨,才因祸得福,遣返汉口就医,始得翁妪团聚。1975年初,六十三岁的程千帆,被恩准摘帽,准予退休。直到1976年4月,才允许将户口迁回珞珈山,并要求立即办理退休手续。"结婚四十载一飞梭,雪海炎山取此过","相期戒吟咏,却复写新篇","病媪当檐亲晒药,老翁中喔自牵萝",这段岁月,竟是他们一生中难得的暖色。

1946年,游寿回到南京,在恩师胡小石的推荐下,进入中央图书馆任金石部主任,1947年转中央大学中文系任副教授。新中国成立后,游寿转入南京大学任教,1951年调入山东会计专科学校,继而入山东师范学院任副教授。家庭出身、社会关系、受学背景尤其是与中央研究院的粘连,都成了历次运动中游寿的罪证。尽管她曾经遭到傅斯年的排斥,被迫离去;尽管自我交待和检查中她对傅斯年多有怨尤……但她百口莫辩,没有人会相信和同情她,反而认为她"隐瞒历史,以曲求伸"。

游寿的选择是自我发配。1957年"反右"结束后,她主动请调哈尔滨师范学院,尽量淡化自己的过去,断绝与故人的联系。尽管如此,"文革"中她也受尽凌辱。其后,在周恩来总理的过问下,她的命运才稍有转机。她曾写道:"前岁总理问王冶秋同志:'国内能读甲骨金文者几人?'以'不及十人'对,东北区即老身矣……。年来曾昭燏、杨白华相继自绝于世,近沈紫曼示余诗有'一编奇字老边城'句,感而赋之。"[27]

此时游寿又开始"池鱼思故渊",她从塞外给同学沈祖棻寄去诗笺:

冬初小恙高烧,梦子苾来访不遇,唯见案上留诗。余出门追之,倦极而醒,乃一梦也。成此诗,数月寄与:
又见冰花满窗棂,数尽飞鸿入北溟。
唯有故人深入梦,留诗案上意叮咛。

沈祖棻在日记中说游寿的信和诗：言长意深，富于感情，读之喜慰，反复阅看。"渐无消息廿年余，绝徼终传一纸书"，她一口气写下十首《得介眉塞外书，奉寄》。兹录几首：

> 秦淮春水绿迢迢，流尽华年旧梦遥。
> 欲说江南当日事，老来残魂不禁销。

> 少年同学气纵横，赌酒听歌逐队行。
> 四十年间浑一梦，寻思旧事却分明。

> 当年意气已全销，老病偷闲远市朝。
> 话到交亲存殁感，春愁汹涌尚如潮。

> 作诔招魂两未能，无多热泪总成冰。
> 长江一水通吴蜀，巴峡流愁到秣陵。

> 小楼深巷卖花迟，二月江南万柳丝。
> 寂寞空山春雨夜，那堪重忆对床时。

"惟把来书几回读，诗函欲寄更开封。"在特殊的年代里，诗词成了她们寄宿心灵、一线相连的纸鸢。回想前尘旧事，游寿唱和道：

> 南苑文坛感慨多，龙蟠虎踞自嵯峨。
> 飞来绛燕呢喃语，怕听平湖有苍波。

"绛燕"为沈祖棻笔名，同窗好友四十多年未能见面了，风雨过后，最喜听到春燕般的呢喃细语；然旧雨凋零，又最怕听到玄武湖畔不祥的涛声。

"关山相望隔千重，惆怅今生不可逢。"1977年6月27日，沈祖棻一家从南京回武昌，乘坐一辆机动三轮车回寓所。车夫酒后驾车，翻车肇事，沈祖棻被抛出车外，当晚去世。她已等不到政治完全清明，已不能再唱杨柳新枝……

饱经沧桑的游寿，"文革"后期回首往事已能平静面对。她在重抄旧稿《伐绿萼梅赋并序》的"跋"中写道："乙酉冬至初藁，乙卯立冬后十日重抄。右藁流居西川所作。日者，王云自北京归，转夏鼐问讯。又读英人李约瑟之中国科学技术史序论，故人旧事盖已三十年矣。今存者几人？"此刻，游寿首先想到的定然是在重压下轻生的曾昭燏！

晚年的游寿书法炉火纯青，被誉为"百年书坛一代才女"。1994年2月16日，游寿溘然长逝，终年八十九岁。

一代才女，又可以聚会在六朝松下，吟诗填词，快意出游了……

注　释

1　今南京东南大学四牌楼校园西北角。
2　吴梅（1884—1939），字瞿安，晚号霜崖，历任北京大学、东南大学、中山大学、光华大学、金陵大学教授，是海内公认的曲学大师，其耗费十年心血的巨著《南北词简谱》，超迈前人。1937年卢沟桥事变后，吴梅携眷避祸南下，于1939年3月17日在云南大姚县病逝。
3　汪东，字旭初，曾任中央大学文学院中文系教授兼主任、院长，著有《词学通论》《梦秋词》《汪旭初先生遗集》等。
4　游寿：《我的临池简述》，1982年。
5　曾昭燏：《南京大学教授胡先生墓志》。
6　曾宝荪（1893—1978），字平芳，别号浩如。父亲曾广钧，是曾国藩孙辈中最年长者。她幼时从祖母郭氏（馆名艺芳，曾纪鸿夫人）学。稍长，到上海、浙江读新学，加入基督教。1912年留学英国，1916年夏，考得伦敦大学理科学士学位。回国后，于1917年9月在长沙创办艺芳女子学校，还先后担任过湖南省立第一女师校长、湖南省立第二女中校长、国民参政会第二届参政员等职。1949年去台湾，1978年在台北逝世。
7　游寿：《善斋青铜器整理回忆》，1983年。
8　明代定都金陵，设太学，简称"南雍"。永乐年间，学生曾达万人。
9　程千帆：《沈祖棻小传》，载《程千帆沈祖棻学记》。
10　尉素秋：《词林旧侣》，载《程千帆沈祖棻学记》。
11　1932年11月9日，1934年4月27日、10月20日，《吴梅全集·日记卷》，王卫民编校，河北教育出版社，2000年。
12　《沈祖棻自传》。

·影像·

1944年：西康掠影

孙明经 摄影

1939年，西康建省不久，中英庚款川康科学考察团对其进行了一次综合考察。南京金陵大学教育电影部负责人孙明经在考察团中担任摄影，于考察结束后，制作完成了国情调查电影八部，放映时间长达两小时，并整理出一部共计八百七十张照片的西康科考图片集。前些年，其哲嗣孙健三将幸存下来的部分照片，整理出版了《1939年：走进西康》一书，受到世人关注。最近，孙健三在原书的基础上，编入1944年孙明经二度深入西康所拍摄的部分照片，集为《定格西康》，即由广西师范大学出版社"温故影像"丛书推出。

这里，选取了1944年8月孙明经在西康省雅安县拍摄的照片，以再现当年抗战大后方的风貌。

1944年8月，到雅安车站，西康省刘文辉主席派车来接金陵大学电影部师生赴康定。车上右一是孙明经，右二为曹守恭。

1944年8月,金陵大学电影部师生组织照片展,雅安县大兴乡军民正在聚观。当时没有画报,所以孙明经说,这次照片展极受欢迎。

1944年8月,雅安县国民兵团大兴乡队集合在街市。

1944年8月,军官训练团学员在训练拼刺。

1944年8月,大兴乡中心国民学校学生在练习叠罗汉。

1944年8月,大兴乡民众上课即景。

1944年8月,一位官员悠哉抽着烟,烟杆太长,由小跟班为之点火。

13 前北京大学。
14 南京博物院编,《曾昭燏文集》, 文物出版社, 1999 年, 第 314 页。
15 南京博物院编,《曾昭燏文集》, 文物出版社, 1999 年, 第 15—16 页。
16 傅斯年日记, 王汎森、杜正胜编《傅斯年文物资料选辑》, 台北"中央研究院"史语所, 1995 年, 17 页。
17 2004 年 9 月 14 日, 北京。李光谟讲述, 作者记录, 冯志整理。
18 同上引。
19 游寿:《善斋青铜器整理回忆》, 1983 年。
20 见史语所档案。
21 曾国荃(1824—1890), 湘军主要将领之一, 清朝大臣。字沅甫, 号叔纯, 湖南湘乡人, 曾国藩的九弟。
22 2005 年 9 月 1 日岱峻寓所, 李光谟讲述, 作者记录, 冯志整理。
23 曾昭燏忌日为 1964 年 12 月 22 日, 故此处应为 1965 年。
24 时间不确, 见上注。
25 刘敬坤:《关于曾昭燏先生》, 载 2007 年 6 月 18 日上海《文汇报》第 11 版。
26 《沈祖棻诗词集》, 第 276 页。
27 游寿诗:《有感》跋语。

人物

宅心仁厚黎元洪

冯远理

还是在上中学的时候,这个问题一直困扰着我。那是历史课上,讲到武昌起义,革命党人经过浴血奋战,牺牲无数,终于攻占了湖广总督府。我不明白,为什么革命胜利了,胜利后的革命党人自己不出任湖北军政府都督,而非要拉一个晚清的官僚——第二十一混成协协统黎元洪来出任都督呢?课本上的解释好像是黎元洪善于伪装,才混进了革命队伍。那时我虽然懵懂无知,但对这个解释还是不太信服:你们赶跑了晚清的大员,你们当家作主就是,干吗让黎元洪混进来;再者,人家黎元洪根本就不稀罕这个位置,是你们硬逼的,人家怎么是混进来的!

革命党人把已经到手的都督职位拱手让给黎元洪,这只是一个结果。我后来才知道,那个在教科书中小丑式的人物——黎元洪,不但才智过人、思想开明,而且宅心仁厚,在武汉乃至湖北有着崇高的威信,能够被各方接受,这才是他被推为都督的原因。

黎元洪品德之馨,早在天津北洋水师学堂就有口皆碑。在学业方面,他刻苦用功,学习成绩遥遥领先。最难得的是,他时常为同学承担过错,有些朋友对此不解,他坦然回答:"大丈夫当有任天下事的气度,区区小事,何须避匿呢?"他的老师严复对他是这样评价的:"黎黄陂是德有余而才不足。"黎元洪是否有才暂且不论,但黎元洪的品格之高洁,是民国以来玩政治的人所罕见的。

与其说黎元洪"才不足",倒不如说他不善于玩弄阴谋诡计,不懂得看风使舵。不懂得黑箱操作的人,在中国的官场上往往是失败者。黎元洪当年官运亨通,一是因为卓越的才干，二是碰到了对他欣赏有加的张之洞，所以他才能在短短的十年内，从一个下级军官擢升到第二十一混成协协统，官居二品。他的卓越才能在监修南京幕府山炮台、去日本三次考察，特别是在朝廷的两次秋操中得到充分展现。在彰德和太湖两次秋操对垒赛中，"南军"总指挥黎元洪每次都大败"北军"总指挥段祺瑞，黎元洪也因此在朝廷声誉鹊起。应该说，张之洞待黎元洪不薄，没有张之洞，就没有后来的黎元洪。但公允如张之洞者，也免不了常人的私心。1903年，全国统一军制后，湖北额定一镇（师）一协（旅），从德才的角度来考虑，张之洞当然想让黎元洪出任第八镇统制，但总因张彪是张之洞家丫鬟的丈夫而作罢。1907年，赵尔巽接任湖广总督，湖北官场掀起了一场向新总督献礼的高潮，黎的上司张彪筹集十几万两银子，向上司表忠心，其他人等也不甘落后，惟独他仅仅凑上数元"意思意思"。但是转过身来，他却为武汉的灾民捐出了三千两银圆的善款，这是他整整半年的俸禄啊！

　　黎元洪对上级不会拍马逢迎，对士兵却关爱有加。他的一位士兵，因母亲在家砍柴时坠入山谷而亡，这名士兵悲痛之中想追随母亲而去。黎元洪知道这一消息后，亲自去慰问这名士兵，并拿出八十银圆让他回家葬母，后来还让这名士兵进入军校学习。

　　如果仅仅是这些，黎元洪恐怕还不足以让革命党人推举为都督。黎元洪从小就是一个爱读书的人，再加上三次赴日本考察，使他对世界大势有了一定程度的了解。甲午战争的失败，他差一点成了日军的俘虏，九死一生。这些经历，使他对腐败的清王朝有了深刻的认识。他虽然没有勇气参加革命，但对革命党人非常同情，在力所能及的情况下，总是尽力保全他们。对于军中出现的新思想，他从来不反对，甚至还鼓励士兵接受新思想。1904年，日知会总干事刘静庵与革命党领袖黄兴来往的联络书被截获，报与黎元洪。他便示意刘静庵托病离开，从而保护了刘静庵。1907年，日知会的季雨霖秘密响应萍浏醴起义而身陷囹圄，又是黎元洪出面将其保释。就在武昌起义爆发的前夜，孙武试制炸弹时，炸弹不慎爆炸，官兵闻风而至，把革命党的名单搜去，湖广总督等人要按照名单抓捕党人，黎元洪两次激烈反对，认为名单牵涉面太广，不能操之过激，以免生变。这两次建议虽然被拒绝，但也可以看出，黎元洪对革命党人的感情。这类事情，黎元洪不知做了多少；这一切，外人不明，但革命党人心中有数。人的境界之高低，不是看他如何说的，而是看他如何做的。从古至今，有多少人是踏着别人的尸体走向高位的，他们的双手沾满了人民尤其是仁人志士的鲜血。仁人志士的鲜血就是他们通向官场的铺路石，因而他们杀起仁人志士来是毫不手软的。黎元洪人性中可贵的一面不在于他能够分清是非，而在于他能够冒着危险来保护革命党人。那些杀人如麻的恶魔，不论他们打着什么旗号，也不管取得他们多么大的"事功"，与黎元洪相比，在我看来，都算不了什么。因为与他们相比，黎元洪是人，而他们是披着人皮的狼。

武昌起义的成功有其偶然的因素。由于参加起义的革命党人分属不同的团体，成功后到底应该谁坐第一把交椅，他们的意见无法达成一致，为此吵得不可开交。起义前，孙武试制炸弹不慎爆炸，起义暴露，很多同志牺牲，起义总指挥蒋翊武远逃避祸。一个逃命的总指挥自然不配坐头把交椅。另外几个革命党领袖如孙武、张振武、吴兆麟等又分属不同革命团体，都不足以慑服对方。有能力、有威信的革命党领袖孙中山、黄兴、宋教仁等人，不是在海外，就是在外地，远水解不了近渴。再加上起义的革命军人，基本上都是下级军官，连一个中层的军官都没有，难以服众。在这种情况下，参加武昌起义的几个主要革命党如文学社、共进会、日知会等都不约而同地想到了黎元洪。可见，黎元洪出任都督是众望所归。

以黎元洪的名义发布的安民告示，使武汉三镇动荡不安的局势迅速的稳定下来，从另一个方面也证明了黎元洪在武汉人民心目中享有的威望。这一切，都缘于黎元洪亲民、爱民的菩萨心肠。黎元洪的相貌雍容富贵、面目慈善，时人称他为"黎菩萨"。在湖北口音中"黎"和"泥"恰是一个音，因而黎元洪是名副其实的"泥菩萨"。但令人遗憾的，在以后的岁月中，像黎元洪这样菩萨心肠的政治家越来越少，这是社会的进步，还是社会的悲哀？

印象

追怀孙大雨教授

张方晦

1968年4月某日,我在其内的上海第一看守所一个监房的木门"哐啷"一声打开,训导员(级别高于狱警)手执大串钥匙挥舞一下,对坐在沿墙地板上的犯人大声吆喝:"出来!全部出来!"

十来个犯人,在训导室地上坐定,忐忑地看着坐在办公椅上的训导员。这种所谓的"集体训导"颇不寻常。

"今天,你们监房进来一个新犯。"他说,"是个老反革命。极端反动。当然,"他又补充说,"你们每一个犯人都极端反动,罪恶严重,不然不会到这里来。现在,我要重申一下监规。绝对不准打听姓名。绝对不准交谈案情。绝对不准散布反动言论。如有违犯,后果自己负责!"说罢,他执着一枚钥匙指向我说,"特别是你!你要小心你的脑袋!"

我正想反诘:"我怎么啦?我违反了哪条监规?"其实,政治犯之间哪有不交换姓名不交谈案情之事。我身边的一位老年难友悄悄用手指捅我一下。我即刻蔫下脑袋,用装出来的战战兢兢声音说:"是!训导员!"

一个长髯老者已经坐在我们的监房里。

他,就是大名鼎鼎的孙大雨教授。

当时的知识分子,尤其是政治犯,没有谁不知道孙大雨。

1949年前,他是上海的大学教授联盟主席。之后,他任复旦大学教授。年轻时,他留学美国;回国后,成为新月派诗人。他写诗,格律严谨;翻译莎士比亚,重视考证。他跟复旦大学校长杨西光以及华东师范大学校长常溪萍抗争多年，反骂这两人是"反革命"；当时的上海市长陈毅曾设宴劝和，他竟跟陈毅拍桌子对骂起来。孙先生后来回忆，当时陈毅说："孙先生你太钻牛角尖了！"这话说得不错。孙先生书呆子气太重，不少事情都钻在牛角尖里出不来。这，使他在1949年之后一直陷在极端的困境里。

大家不久就跟这个"老反革命"混熟了。我曾在陆小曼老师家里晤见过他，哪知他还清楚地记得我。我们不露声色。当时监房里有一个姓叶的"造反派"，"文革"武斗中打死人而被捕。他是个专门写字条向狱警告密的"犹大"。监房里有了这么一个家伙，难友们就得分外谨言慎行了。后来，孙先生伺机偷偷告诉我，两年前他路遇吴锦（陆小曼的表妹，一直与陆一起生活），知悉"小曼已经去世"。当时我被关在这里已有四年，外界的事一无所知。与小曼老师的天人永隔，加上自己体质日衰命运未卜，我心情极为忧郁。

孙先生曾是全国有名的"大右派"之一，当年报纸上对他的批判谩骂诋毁诬蔑多得吓人，主要由于最高层在一篇文章里以严厉口吻"钦点"孙大雨的名字，捕风捉影地指称他为敌人，结果是孙先生被送到苏北的什么农场"劳动教养"。对于一个素负盛名而又根本没有什么过错的大学教授来说，这种惩罚极为粗暴。"教养"几年回家，他依然老样子，老脾气，老品格，对事锱铢必较，对人斗劲十足，在任何人面前不肯低头示弱。

他进看守所没多久，犯人没有米饭吃了，代之以蒸熟的番薯干，其中霉坏者居半。年轻者并不憎厌此物，因为它不易消化，耐饥，尽管吃下去屁多、肠胃不适，但只要不整天饿得头昏眼花心悸手抖就好。孙先生年纪大了，吃这个实在不行。一天"餐"毕，他用手指蘸水在地板上写："粗砺难咽。猪食。"被叶某瞥见（他只识后面二字），当场向狱警报告，孙先生被罚戴铐。后来，孙与叶因事口角，两人对骂。叶极粗鲁，骂道："你是畜生！"孙先生回骂："骂人畜生的才是畜生！"接着，"你是畜生！""你才是畜生！""你畜生！""你畜生！"两人一句来一句去对骂十余分钟，别人怎么劝阻都不中用；孙不屈不挠，直骂到叶某不出声方休，凯旋之色洋溢于表。

后来，叶某"卷铺盖"了，是调监还是判刑不得而知。我们顿时大获解脱，难友们用绝对的相互信任营造出一个难得的自由空间；大家坐在自己的位置上，头不动，嘴皮子也尽量少动，却达到畅所欲言的极致。说来恐怕没有人相信，那时，全中国"文化大革命"运动正"方兴未艾，如火如荼"，但那最最警卫森严的政治犯监禁地的某一个牢房，却是谈案情、谈身世、谈政治观点、谈一切问题的一个最放肆无忌的地方。记得曾向孙先生讨教过，我一直不懂的英文格律诗中"音步"与"音顿"在汉语诗中的运用问题。我总共跟孙先生同监多久已不记得。同监难友，在一起时每天二十四小时须臾不离，一旦分开，生死茫茫，也许永不再见。

十几年过去，到了80年代，很多受难的人重见天日。一天我携女友（后为妻子）在上海美术馆参观吴湖帆画展，蓦见一位身躯高大的老人。这不就是孙先生吗？我趋前招呼，与他紧紧握手。我说："孙先生还认得出我？"他说："怎么认不出！"他突然转身对身旁的参观者大声说："这个小伙子，"接着又更正说，"现在已经不能算小伙子了，是中年人了。就是他，'文革'时跟我一起坐牢，他不肯批斗我，不肯打我，被反铐了两个月！"其实，我不批斗他不打他是事实，被反铐两个月也确有其事，但这两件事却没有关系。我被反铐是因为我在牢房里用破烂绸被面搓了一根长绳，被监狱当局认定为"越狱工具"。我拉了他就离开展览馆，我很怕他在那里越讲越多越讲越离谱。

从此我们成为忘年密友。我与女友常常造访他的南市区老城隍庙近旁的旧式住宅，每去必定被邀用餐。孙夫人也姓孙，名月波，美术教师出身。老两口无嗣，早年领养一个女孩（据说是画家钱瘦铁的侄女）；在孙先生的"政治问题"解决之后，女儿一家四口常常回来省视团聚。

孙先生出狱后很长时间，没有一所学校接纳他。后来胡耀邦闻讯而发脾气说："我们连蒋经国都要团结争取，偌大一个上海就容不下一个孙大雨？"有了这句话，华东师范大学才向孙先生招手，校长陆平当时还在高校界赢得过"思想解放，有魄力"的美誉。可见，在那个体制中，连大学校长这种等级的人物都唯"上意"是承，难有半点主见和胆识。但是，孙大雨进了华东师范大学，壮大了该校外语系的阵容；而课呢，还是不准他教的。只不过是给他发一份工资，让他有口饭吃而已。

有了"工作单位",却仍"赋闲在家"。但孙先生是闲不住的。他把中国古诗中的大量经典作品翻译成英文格律诗,还着手重译莎士比亚的十四行诗和《罕秣莱特》(他绝不借用别人的译名《汉姆雷特》)等几个剧本,白天睡觉,夜晚工作,不管有没有地方发表出版。此外,他还孜孜不倦地向政府索还在运动中被抄家劫走的古董书籍等。经过多时努力,东西小部分回家,多数如泥牛入海。有一次他气呼呼地告诉我,来了个通知,叫他去极远的一个江边码头某仓库"领取抄家物资",花大半天时间兴冲冲东找西问赶到,结果仅仅发还给他六个鸟笼里的小水盂。"这不是作弄我这个老头子吗?"

有趣的是,"反右"期间,大学院校和知识界批判搞臭孙大雨的一大内容是说他吝啬、贪财。说某次他在复旦演讲莎士比亚,把从前出版的《李耳王》(原译名似为《琅琊王》)积压在家的存货拿到会场去卖,"乘机捞一把"。那些说辞,全是鸡蛋里面挑骨头,没事硬找碴。当然,我宁愿相信那是提些不伤筋骨的琐屑小事来敷衍应付。实际上,孙先生是认真,是有点洋人作风,绝不是吝啬。固然,他曾为某刊发表他的译作少算给他几元几角几分稿费而不惮辛劳奔波往返索讨回来,但这错在对方,他是认真、是维护自己的权益而已。我释归之初,穿得寒酸,他汇寄四十元人民币给我并写一信,嘱我为自己买一件"合身"的上装,还特地说明,可买稍廉的"中长纤维"制品,因他也不富裕,"纯涤纶"之类则负担不起,云云……他又说,此数若不够,他必补足;倘有多余,留下可也。在信末名字前面,他还署上他在第一看守所时的"囚犯番号"1083。这件事,显现出孙大雨的全部仁厚、认真、可爱和催人泪下的幽默。我当时没有推辞和谢绝。因为我知道,要他改变心意是办不到的,他会跟我一来一回没完没了,直到我接受为止。而我被反铐的那事,我当然作了澄清,但他以不容分辩的口吻说:"我怎么会记错。是你记错了。"这,是我记忆中他唯一记错的事。

孙先生对朋友的仁厚,有着历史渊源。他曾谈起,小时跟朱湘同学。朱从外地来,他请朱住在他家。他家的惯例是,厨子专门为长住客人单独开饭。朱湘脾气很大,有时心情恶劣,或饭菜不对胃口,会把全部碗碟翻倒在桌上,扬长而去,害得厨子挨孙母的骂。我说,这朱湘怎么这样跋扈?他品性很不好啊。孙先生马上正色道:"你不应该这样说他。那时,都是十多岁的小孩子嘛。他自尊心过强,一个人远离父母,心情不好。"提起才华横溢的诗人朱湘的年轻自戕,孙先生一直难过不已。此外,另见关于徐志摩的资料,徐当时经济困难,孙大雨在沪西有一块地皮要出售,如徐做中人成交,孙承诺付一笔丰厚佣金,以解徐的燃眉之急。徐当时对此期望甚殷。在这两个少小留美的年轻诗人之间,这种寓交情于交易的洋人做派,也是很可爱很有趣的。

1985年夏我妻娩产一子,我信告孙先生,不料他大老远亲自携带一些食品专程跑来我家(浦东)探视。那时他已八十有余。我儿后脑过于突出,妻子特制一个枕头,使孩子保持仰卧,以矫正头型。孙先生见状大不以为然,说:"这不好!不好!应该任其自然,让他自由发展。"我们虽然没有接受他的劝告,但觉得这与他的一贯观点相合:他主张人的自由发展,反对任何对他人的改变和改造。当天我送他回去,两人到了南市区老城隍庙附近,却不识路径了。问了多人,才摸到孙家。

孙家久居的祖传旧宅,"文革"期间大半被抢占,楼下还开了个工场,轰轰然的机器声终日不歇。几经交涉,总算"落实政策",工场搬走,从此寂无声息。孙夫人说:"几十年听习惯了。如今安静,倒又若有所失。"后来,孙家被安排到新建于徐汇区衡山路吴兴路口的"高知楼"里安居,与"右派民主人士"陈仁炳、著名画家程十发等为邻,条件改善不少,有了不错的卫生间和客厅,但陆续发还回来的古籍文物与古董仍然摆不开来。

孙教授收藏甚丰,家里到处都是古董,许多珍本古籍只能堆放在沙发上、橱顶上或地板上。正宗唐三彩的观音塑像有二尺高,北魏的铸铁武士头像比真人的还大……这些还不算珍品。他说,还有许多更古的铜鼎和酒爵没有归还哩。一次,我的好友商友敬去领取"文革"被抄书籍。一个大仓库里,堆着一座座灰尘厚积的书山,没有人能够认得出自己的书;规定的办法是申报被抄几本,拿走几本就行。商发觉领回的书中有一本盖着孙大雨藏书印,他便给孙写信,说将约时拜晤奉还。不料孙大雨教授亲笔认真复信,说,多谢盛意……我被抄走多少多少什么什么书籍,是否都在你处,务请统统赐还为祈;另外,我还被抄去两个英国制造火油炉子,如也在你处,恳请顺便一并归还……一连数信,穷追猛盯,这可把商友敬吓坏了。后来经我反复解释,孙才放过了商。此亦孙先生钻牛角尖之一例也。

几年后，友敬把这趣事写成一文，发表于《万象》杂志。

80年代后期，我与人合作长篇徐志摩传记小说《飞去的诗人》，由黄河文艺出版社出版，特请孙先生书写标题。他一口允承，却紧张了好一阵子。他说，几十年不写毛笔字了，怕写不好。他练习很久后，寄来几十条"样品"，供我挑选。他的这种认真谨慎的精神，贯穿于他终生的治学生涯，方使他有了出众的成就。有一天，我在他家，忽有上海戏剧学院某教授来访，向孙先生请教莎士比亚某剧中的一个问题。孙先生听力略差，俯向白发苍苍的来客，听明白了疑点所在，随即站起，转身，从书架上的一叠书中抽出一本，迅即翻到某页，以极流利极宏亮的英语朗声而诵，忽又停顿，问来客要不要放慢一点。读毕，他开始解释，并不时随手从沙发上拿起一书，或从纸堆里抽出一纸，指指点点，读读念念，用他的大嗓门加有力挥手的动作进一步旁征博引，佐证和阐述他的观点。这不是普通的学术指导，这简直是全身心投入的演示；他取书翻查的速度，寻取论证数据的机敏，英语阅读朗诵的纯熟，使我目瞪口呆。我知道，打从"反右"开始，孙先生一直在"劳动教养"、坐牢、"群众监督"、做"牛鬼蛇神"中度过，与英文整整隔绝了二十五年以上。特别在"文革"中，一个英文单词、一句英语，是足以当做"美帝特务"的证据、足以构成"现行反革命"的罪状、足以抹杀一个人的。二十几年的绝缘，就是英语民族的人，对母语也难免荒疏了啊。所以说，孙大雨教授的学养根底，尤其是英国文学，之深之坚实，在当今时代，可谓无与伦比。这一方面固然来自天资聪颖、刻苦努力，另一方面，则与他的严谨刻板、一丝不苟、牛角尖一钻到底的天性密不可分。谈起他在美国达特茅斯学院的学习，他说，那时对每一首诗每一部经典作品，都要念到口沫横飞滚瓜烂熟，且昼夜不歇。说着，他示我一沓原稿，是尚未完成的指正卞之琳英诗译作中若干讹误的一篇文章。卞之琳是著名诗人、学者、教授，年资比孙略低，但1949年后处境比孙好得多。孙说，他以众多专家的诠释、权威字典的批注、其余语种译者对原诗的理解为依据，指出卞译之误。那些谬误，无非来自粗疏轻忽、不求甚解以及自以为是。他说，"做学问，搞翻译，那样是不免会出错的。"至此，我忽然想起，1957年《诗刊》创刊号发表孙大雨翻译弥尔敦《失乐园》长诗片断，先父买回一本，嘱我精读这篇译诗，并说："孙先生的翻译，是靠得住的。"

孙大雨教授，自有种种缺点；加上当局及随声附和者对他的妖魔化，使很多人长期误以为他是一个狂妄自大、不可理喻、小器吝啬而又好勇斗狠的莽夫。但是，不管怎样，我觉得，他是一个直立的人。面对强权和凶暴，他从来没有趴下过。他爱憎分明，绝对不说违心的话语；他直道而行，不会转弯子绕圈圈；他棱角突出，不愿把自己磨光打滑——多少年来，多少亿人里，这样的人能有几何？孙大雨教授的全部问题是性格问题，一个心里藏不得歪扭嘴里讲不出假话的人，遇上那个社会，他就注定要倒霉了。他是那样地善于教书热爱教书，1957年后却被终生封杀，直到他死，再也未让他重返讲坛。

他与我的交往，非常"个人化"，不足为外人道。今作此文，仅是我个人对他的直感、认识和追怀，倘若至今误解他的人由此稍知一个比较真实、完整的孙大雨，我愿足矣。

我还要"添足"几句的是，那位第一看守所的训导员很有意思。在1968年他关进孙大雨教授当天警告我要"小心脑袋"之前两三年的1965年末，我与胡风案"骨干分子"许史华先生同监了大半年，在此案三人（贾植芳、许史华、耿庸）行将获释之际，这位训导员将我从史华的监房调入耿庸的监房，曾以一模一样的语言警告吓唬过我。结果是，耿庸随即从我口里获悉了暌隔整整十年的史华的全部情形和近况。我非但未失脑袋，也未受任何处罚。这，究竟是什么用意？我思忖了四十年，也没有找到答案。

印象

何其芳印象与"何其芳现象"

马 嘶

在见到何其芳之前，我的脑子里已经有了一个何其芳印象。这印象自然是从读他的《预言》、《夜歌和白天的歌》、《汉园集·燕泥集》中的诗和《画梦录》中的散文所得到的。就是说，读了他的这些诗和散文，我的脑子里便幻化出一个模模糊糊的面影——何其芳的面影（虽然那时文学书籍一般没有印着作者的照片），这面影纯然是自己想像出的，应该说是一种幻象。我喜爱他的诗和散文，也便对这位诗人、散文家有了好感。

我脑子里的何其芳是怎样的形象呢？他是一位感情极其丰富、细腻，生得文质彬彬，甚至有些柔弱的文雅书生。不然，他怎么能写出那样纯情、华美、优雅的诗文作品来呢？

1953年秋我进入北大中文系后，就听说北大有个文学研究所，是1953年2月才成立的，这就是现今中国社会科学院文学研究所的前身。那时，所长是郑振铎，副所长是何其芳。郑振铎是文化部副部长，又兼文物局局长，他不常到文学所来，文学研究所实际上是由副所长何其芳主持全面工作。文学研究所阵容极强，荟萃着一批学养深厚的中外文学研究家（那时尚没有外国文学研究所），一些学界文坛耆宿如俞平伯、余冠英、钱锺书、王伯祥等人都在那里，诗人力扬也在那里。

我班的同学常常谈起何其芳，大家都读过他那精美的抒情诗和感情醇厚浓郁的散文。我说，我特别喜欢《成都，让我把你摇醒》、《我为少男少女们歌唱》、《生活是多么广阔》以及1949年开国大典时写的那首《我们最伟大的节日》，同学们说他们也喜欢那几篇。《画梦录》中那些写得异常精致美丽的抒情散文，总是引起我美好的情致，使我的感情也丰富了起来。那时，大家心目中的何其芳还是个诗人和散文家，并未把他看成是文艺理论家和学者，因为那个时候他似乎尚未确立在文艺界的权威地位，也还没有发表许多大块文章，让人感觉出他是文学界的一位重要领导人物，直到后来胡风在他的"三十万言"书中屡屡提到何其芳，人们才逐渐明白了何其芳其人在文艺理论界举足轻重的特殊身份。至少，在我个人是这样的。

因为他是诗人、散文家，我们才渴望着能够见到他，认识他，如果他只是个文艺理论家，也许人们就不一定这样仰慕他了。而他，就生活在我们身边。

文学研究所距离我们经常上课和阅览的文史楼不远（当时，北大中文系办公室也在文史楼，因而我们有很大一部分时间是在文史楼里），每当我从文研所那栋陈旧的土里土气的灰楼旁边走过时，总是怀着一种神秘莫测的心情凝望着那一扇扇小窗，希图窥见我尊敬的学者们鲜为人知的隐秘。我觉得，那些幽深的屋子里似乎蕴藏着令人神往的智慧之魂，他们正在进行着高深的学术著述，把光辉的学术思想流播人间。那时我尚不明白，那些博学宏识、学贯中西的大学者们并不是每天到那楼里去，他们的绝大部分时间是坐在自己家中幽静的书斋里做学问，只有像何其芳这些所里的领导人才每天来这里上班。其实，我每次去找力扬，他都是呆在中关园公寓里的家中，而他在文学研究所，还算不得是个大学问家。可惜，当时的我涉世未深，对这些事并不开窍。

入学后不久，一天，我在通往文学研究所的那条甬路上遇到一个中年人（以前我也曾遇见过这个人），他约摸有四十岁年纪，个子不高，白白胖胖的，戴一副近视眼镜，手里拎着一个黑色皮包，仰起脸匆匆地走着，是一副温文尔雅的书生模样。他似乎正在思索着什么，旁若无人的样子，径直走进了那栋灰楼。走在我旁边的一位高年级同学告诉我："这是何其芳。"自此，我便认识了何其芳。以后，我常常在校园里看见他，他总是拎着个黑皮包，仰着脸，心不在焉，旁若无人地走着，走进文学研究所的灰楼。

一个星期天，我邀集了班上的几位同学去拜访何其芳。我们只知道他住在燕东园，但不知他住在哪栋小楼里。出了校园东面的小便门，顺着城府街狭窄的街道往东走，走不多远，便见到一个林木荫荫的大园子。从外边望去，在幽深的花木丛中，参差错落地掩映着一幢幢别墅式小楼，这便是北大教授住宅区之一的燕东园，教我们课的杨晦、游国恩、浦江清、周一良等先生以及历史系主任翦伯赞等都住在这里。在燕东园的传达室问明了何其芳先生的家，我们径直走进了41号宅院小楼。

何其芳先生很热情地接待了我们，把我们让进了小巧玲珑的客厅。他很随便，我们也就不再拘束了。

年轻人不懂得客套，我们坐定了之后，便直来直去提出了几个问题请他解答，那些问题都是关于诗歌创作方面的。何似乎是个急性子，快人快语，说话速度也快，也不绕弯子、卖关子，这倒很对我们的心思。他较为详尽地回答了我们提出的"您是怎样开始写诗的"这个问题。他操着一口浓重的四川万县方言，快得像小河流水般哗哗淌泻，没有任何阻遏。他说话时，两个扎着小辫子的小女孩跑进跑出，时而追逐，时而要这个要那个，有时还爬上写字台，摸摸这个捅捅那个。这是他的两个孩子。他想支走她们，她们又不肯走开，他招架不了，便大声呵斥她们，两个活泼的孩子却蛮不在乎，仍是嘻笑玩耍。我们倒觉得好玩，这便也增加些自由和谐的家常味。孩子的妈妈走进来，将两个女孩哄走，才安静了。

何其芳夫人牟决鸣当时还较年轻，她正在北大中文系做旁听生，我们也在课堂上见过她。她在抗战时期投奔延安，先在陕北公学学习。后考入鲁迅艺术文学院第三期。那时，何其芳是鲁艺文学系主任，他和牟决鸣于1942年7月结婚，当时，何其芳三十岁，牟决鸣二十五岁。

何其芳坦率地向我们这几个一年级大学生讲述他写诗的经历，其中也包含着他对自己过去作品的评价，而且讲得极其认真，使人感到他不是随意而谈。让我没有想到的是，他对自己早期那些被我们视为艺术精品的小诗评价并不高，只说成是他那个时期感情的自然表现，是"一个脱离政治的小资产阶级知识分子对社会对人生极其稚嫩的认识，那情感是过分脆弱和贫乏的"。而只有他来到延安，投入到抗日战争的革命洪流中时，他的感情才真正强健起来，也才写出了真正抒人民之情的作品。他的这种认真检讨与总结自己过去创作经验教训的态度，我只觉得他是十分谦逊的，但丝毫也没有减弱对他早期作品的热爱程度。

他讲述了他学习写诗的过程。他说，幼年时，他上过三年私塾。除了读经书，还要读古文、唐诗和试帖诗，要学作七言绝句诗。他对念古诗、写古诗还是有兴趣的，也照猫画虎地写了些古诗，但这还算不上是写诗的开始。到了中学，接触到了白话文，便爱上了新文学作品，读了郭沫若、冰心和印度诗人泰戈尔的作品。他爱好的是冰心的《繁星》、《春水》，还有泰戈尔的《飞鸟集》、《新月集》那样的小诗。这时，他便开始在小本子上写起诗来。他对写诗很是迷恋，写满了两三个本子。但后来他又完全否定了这些"幼稚的浮夸的感情的抒写"，把它们都烧掉了。

十七岁时，他进了上海中国公学预科。当时，上海正流行着新月派的诗，他受到了徐志摩、闻一多等诗人的影响。他阅读了大量新文学作品，也写了许多。他对上正课兴趣不大，常是躲在宿舍里读英文，读文艺书，写诗。那是从1929年到1930年的上半年，同他一起在这里念书的还有陈梦家、何家槐、王西彦等，这几个爱好文学、经常写作的青年成为当时学校里有名的笔杆子。那时，何其芳的诗作发表在上海一家叫《三日刊》的刊物上。他还写了一些散文，发表在《新月》等刊物上。但他又说，他真正的诗作是在大学里写的那些。

1930年的暑假，他在上海报考了北大和清华，结果均以优异的成绩被录取。他希望学外语，用外语"这把钥匙去打开世界文学宝库"，这样，他便进了清华外语系（清华原是留美预备学校，向来重视英语）。但他在清华只呆了一两个月，清华在审查学籍时，发现他没有合格的高中毕业文凭，便把他开除了。到了1931年秋，他才进了北大哲学系。为什么他要学哲学呢？他当时认为，从事文学工作的人应该了解人类的思想的历史，这样，他便选择了哲学系。在北大，他与卞之琳、李广田、朱企霞等人成了好友。他说，写了多年豆腐干式的诗，后来也有了些觉悟，主要是受到了三个方面的影响：一是《现代》杂志的注重诗的情调；一是读外国译诗；一是读英文诗歌。他受这三个方面的影响，就比较注重文字的雕琢，讲究诗的技巧。他写了许多诗，以后又写散文。《预言》、《脚步》、《慨叹》、《雨天》、《爱情》等都是那时的作品。他与卞之琳、李广田合编成《汉园集》出版，他的那一部分称为《燕泥集》，计有十六首诗。以后又出版了诗集《预言》，集子里所收入的约是大学里所写的三分之一。那些诗，深受晚唐五代艳美的诗词及西方唯美主义、象征主义诗歌的影响。那时,思想是消沉的,悲观的。后来就写不下去了,诗是不能勉强去写的,这才又开始写散文。《画梦录》中的那些散文便是在没有东西可写的时候写的,整日沉醉于幻想中,找不出积极的因素。到了大学三、四年级,几乎没有再写诗。他又说:"但那时我是受到文艺界注意的,巴金先生总是在鼓励我。"

总之,他轻而易举地把自己那一时期的创作给否定了,使我们这些崇拜他的年轻人很有些不以为然。

他又简单地讲述了从北大毕业后到天津南开中学、山东莱阳师范、成都石室中学教书和写作的经过,以及这一时期他的思想变化过程。在成都,他在中断了写诗很久以后,才写出了那首著名的诗《成都,让我把你摇醒》。我十分喜爱这首诗,尤其喜欢开头那几句:"成都又荒凉又小／又像度过了无数荒唐的夜的人／在睡着觉。"还有预示光明和希望的那几句:"像盲人的眼睛终于睁开／从黑暗的深处我看见光明／那巨大的光明呵／向我走来／向我国家走来……"这首诗后来作为首篇收进他的第二个诗集《夜歌和白天的歌》里。这是他在抗战以后写的第一首诗,从此又一发而不可收。以后,1938年8月,他就同卞之琳、沙汀等去延安了。

何其芳娓娓而谈地讲述他的写诗经历,他那一泻千里般哗哗流淌而出的万县话,他那直抒胸臆的爽快性格,使我感觉出,他的心地是真诚的,坦荡的。我回想着他的那些浓艳绮丽又哀惋凄绝的早期诗文,同眼前这个谦逊坦率乐观的何其芳所长,真是判若两人。问起他近期的创作计划,他没有正面回答这个问题,但从他的谈话中,我们感觉出他有着强烈的创作欲望,只是因为他踞于文学研究和评论的岗位,他没有更多的精力去考虑创作,这似乎是他内心的一个矛盾。我暗暗地为他没有时间搞创作感到惋惜。

有人问起《人民文学》最近发表的叶圣陶先生的诗《干杯》。这首诗发表后,我们都看过了,大家都感到,除了喊了几声"干杯"、"干杯"之外,似乎就没有什么更深的意义了。因而都有些意见,认为《人民文学》不应该发表这样的诗。何其芳是《人民文学》的编委,故提出来问他。何其芳说,他没有看过这首诗,因而他没有谈任何意见。我们感到很不满足,大家以为何其芳是编委,应该是看过这篇作品的。我们想的实在是太简单了。

从何其芳家中出来，我心中有一种满足的愉快。我知道了许多过去闻所未闻的事，对他也了解得更深刻了。

以后，我还是常常在校园里遇见何其芳先生，他总是拎着那个黑皮包急匆匆地走路。每次遇见他，我总是同他打个招呼，他便也微笑着点点头，有时也说上两句话，便又匆匆赶路。一次，我遇见他同力扬先生并肩走着，边走边争论着一个什么问题，争得面红耳赤。我同力扬先生相熟，因而也便识趣地扭过头去，佯装没有看见他们。何其芳与力扬早就认识，抗战期间，他们都曾在重庆做敌后文艺工作，如今，诗人力扬是文学研究所研究员。

一天，我到海淀新华书店去（那时，海淀区似乎只有这一个面积并不大的新华书店），见何其芳也在那里，他正聚精会神地从书架上挑书。他选了好多种书，摞在那里，来到挂在营业厅墙上的那架电话机旁，给文学所打电话，要他们赶快来买书。他在电话机前大声嚷着："我是何其芳，何其芳，你们赶快来……海淀新华书店……"声音很大，也很急迫，惹得书店的店员和读者都扭过头来，投过惊异的目光，人们都饶有兴味地注视着这个大名鼎鼎的文学家。而他，却仍是旁若无人地翻着书。

以后这几年，何其芳似乎已参与了我国文学界最高层的领导工作，他常有一些大块头的文艺理论批评文章发表，他对当时文艺工作的那些观点和意见具有一定的权威性，也颇引人注目。但他又分出一些精力来研究《红楼梦》和其他古代文学作品。那几年中，他发表了《屈原和他的作品》、《吴敬梓的小说〈儒林外史〉》、《关于李煜词的讨论》、《论〈红楼梦〉》等论文。1956年，由党的贯彻知识分子政策引发出了向科学进军的高潮和文艺、学术事业的活跃、繁荣。在这样的社会背景下，北大开设了一些新课，除了由北大的教师讲授之外，还就近请了文学研究所的几位研究人员来讲授，比如，仅中文系就有蔡仪的"美学"课，陈涌的"鲁迅研究"课，还有就是何其芳的"《红楼梦》研究"讲座。

此时，北大中文系已有由吴组缃教授开设"红楼梦"选修课，何其芳的"《红楼梦》研究"讲座是同时开的，这很有点唱对台的意味。两边听课的人都很多。我因为选的是吴组缃先生的课，只抽暇去听了一二次何其芳的讲座，深感两个人观点和讲法都各有特点，很不一致。当然，这是很正常的现象，当时，这件事成了北大学术繁荣的一道风景线，后来，颇为当时的北大学子们所乐道。

1958年9月，何其芳的《论〈红楼梦〉》一书由人民文学出版社出版发行，作为《中国科学院文学研究所专刊（1）》的这部学术著作，包括了他的《屈原和他的作品》、《吴敬梓的小说〈儒林外史〉》、《关于李煜词的讨论》、《论〈红楼梦〉》、《"琵琶记"的评价问题》等五篇论文，其中，《论〈红楼梦〉》篇幅最长，约占全书的三分之二。看了这本书的序，我才知道何其芳在文学研究所的工作志趣主要在中国古典文学特别是清初小说方面，而由于行政工作太多，他只能是白天做行政工作，晚上读书或写作。他是十分勤奋的。

我还听一位同学说，有一次，他到魏建功先生在校内住的公寓去问学时，正遇见何其芳在魏先生那里，向魏建功先生求教古诗音韵问题，可见他是十分谦逊好学的。

何其芳在研究《红楼梦》和1956年写的《论阿Q》等论文中，提出了他那著名的典型"共名"说，他认为，"一个虚构的人物，不仅活在书本上，而且流行在生活中，成为人们用来称呼某些人的共名，成为人们愿仿效的榜样，这是作品中的人物所能达到的最高的成功的标志。"但他的典型"共名"说一提出，就被指责为"人性论"、"脱离阶级分析"而受到批判。那几年中，他还发表了不少关于诗歌创作和形式的研究论文，提出了建立现代格律诗的问题，特别是1954年发表的《关于现代格律诗》一文，系统地阐述了他的"现代格律诗"主张。到了1958年"大跃进"时期，在"人人写"、"人人唱"的新民歌运动中，何其芳的格律诗主张遭到了围攻，以他主编的《文学评论》为主要阵地，展开了一场大讨论。他连续发表了《关于诗歌形式问题的争论》、《再谈诗歌形式问题》等文章，很有点"舌战群儒"的味道。在那个红旗漫卷、万马奔腾的年代，何其芳的声音显得微弱而茕茕孑立，但他那严谨的学风和言之成理的主张是不曾被驳倒的。那时，我已离开北大到外地工作，但却十分关心这场争论，仔细地读着那些辩论文章，暗暗钦佩着何其芳先生的胆识和追求真理的科学精神。后来，辩论的双方似乎都有些动肝火了，甚而至于有些意气用事的尖锐词语出现。那场争论似乎终以不了了之而结束，那大概也就是"大跃进"年代悲剧性的结束。

我离开北大之前，在1957年夏季那场大辩论而终演变成为"反右派"斗争中，发生了一件与何其芳有关的事，让我直到今日仍记忆犹新。

5月下旬的一天，中国人民大学法律系四年级学生林希翎（原名程海果，笔名林希翎）来到北大，在大饭厅旁的广场上发表演说，一场唇枪舌剑的大辩论热烈地进行着。后来，林希翎又被一些人拥簇着来到16斋旁，在那里开辟了第二战场。这回似乎改变了方式，由一些人提出问题，请林希翎回答。我当时也在场。

她在回答人们的提问时，谈道："几年来，我有我的一条实力政策，就是多读书，什么书都读，读得多，我就有了自己的思想，自己的见解。"

她还谈到，她今年就要从人大法律系毕业，她不想去做法律工作，她想要考北大中文系研究生。她说，她曾经拜访过何其芳先生，何其芳先生要帮助她……

林希翎的讲话，在北大引起了一场轩然大波，形成了人人尽说林希翎的热闹局面。当天晚上，大饭厅墙上甚至贴出了"林希翎万岁"的大字标语。

第二天，就有人贴出了访问何其芳先生的大字报。有些人听了林希翎讲她同何其芳的关系之后，访问了何其芳（这是反对林希翎的人）。何其芳谈了他对林希翎的印象，并说，她从他那里借走了《红楼梦》，一直未还。

这份访问记贴出后不久，就有人在旁边贴出了攻击何其芳的大字标语："何其芳何其不芳！"这显然是拥护林希翎的人贴的。

再见到何其芳，已是"文革"中的1968年。我到建国门内5号中国社会科学院文学研究所去访友，在楼道里看见了何其芳正在清扫厕所的背影，心中很觉不是滋味。我手中攥着一本由文学研究所群众组织编印的《何其芳反革命修正主义言论汇编》油印本，在楼内外墙壁上浏览了一下大字报，那大字报多是针对何其芳和徐懋庸等人的，便匆匆离开那里。

又过了几年，"四人帮"已经覆灭，我读到了何其芳未完成稿《毛泽东之歌》。那时，他已经过早地逝世了。但我的眼前，却常常闪动着他拎着黑皮包匆匆走路的神态，耳边也响着那浓重的万县方音："我是何其芳，我是何其芳……"

到了改革开放的新时期，当人们对许多文艺现象进行反思之时，有人提出了"何其芳现象"这个命题。那意思是说，何其芳早年写的诗和散文，有很高的成就，解放后，脑子里装的"理论"太多，反而写不出好的诗和散文了。（下转134页）

印象

钱仲联先生与海日楼诗

季 蒙

2001年12月30日,嘉兴市举行沈曾植纪念馆开馆仪式,特别邀请钱仲联先生参加。因为钱先生在沈曾植研究方面有特殊的地位,当时是由苏州大学中文系的几位老师(都是钱先生的学生)陪同前往。那一天的活动搞得很隆重,与会的每个人赠送一部沈曾植书法集和一套《沈曾植集校注》。说到钱先生的这部《沈曾植集校注》的出版,可以说是非常不容易的,前后经历了六十年(从写作到最后出书)。所幸中华书局最后终于刊行了这部著作,这也是钱先生很觉得安慰的一件事情。《沈曾植集校注》其实只是沈曾植的诗词集,由《海日楼诗注》和《曼陀罗寱词》两部分构成。该书的出版,是匡亚明先生生前定下来的,因为费用上的问题,拖延了几年。这本书的出版,对沈曾植研究这一比较冷僻的题目,可能会起一些推广的作用。

钱先生注海日楼诗的情况,在夏承焘日记中有记录。比如1940年2月17日记有:"午过无锡国专访仲联,与同访佩秋,无恙不值。过眉孙久谈。仲联方注海日楼诗,其中有西摩路一首,即上海英租界路名。眉孙谓西摩乃英海军军官之姓,曾来上海,故英人取以名路,与戈登路、霞飞路同义。寐叟诗序亦附会佛典解之,其改麦根路为木根路,亦同可笑。其治元史地理,若一循此法,则危险滋甚。"沈曾植号乙庵,晚年又号寐叟,清亡以后住上海,是遗老中的头面人物,文名很盛。但从这段记述中也能看出有些人士对沈曾植不太以为然。文人相轻,以及前人在人事上的一些情况,我们今天是无从考究的。所以对各种说法,没有必要太过认真。在夏先生的日记中,1940年3月3日还记有:"夜钱仲联邀过冠生园饭，仲联新注沈寐叟诗，予劝其并注其词。"但中华书局出版的《沈曾植集校注》中，《曼陀罗䆡词》部分只有校记，并无详细的注。1940年5月1日的日记中又有："阅寐叟诗，用事多不解。近仲联为作注将成，此可见本领，非率尔人所能为也。"

夏先生和钱先生都是诗词学名家，但钱先生与一般诗词学家不同的是，他有一种解难的能力。沈曾植的诗以晦涩著称，其中用了很多僻典，读者多不能晓，但是钱先生却通过诗注，将其中的意思还原出来。由此来说，夏先生的评价也是客观的。1940年钱先生做海日楼诗注的时候不过三十二岁，但学力已非常厚。后来他能完成几千万字的著述，是一点不奇怪的。钱先生对我说过，他与沈曾植之间并无直接的师承关系，但他的师兄王蘧常是沈曾植的门人。王蘧常曾作有沈曾植年谱两种，较详的一种由商务印书馆出版，现在已非常稀见。另外较简略的一种发表于《东方杂志》。钱先生给我看过他手边保存的一本商务版沈曾植年谱，篇幅也不大，薄薄的一册，上面有钱先生自己的批注，而且还有陈衍的毛笔小楷批注，字体非常纤细工整，足见老辈学人一种特殊的修养。陈衍与沈曾植关系密切，也是清末著名诗人，同时也是钱先生的长辈，两人关系也熟。钱锺书有一篇《石语》，就是与陈衍谈话的记录。钱锺书与钱先生的关系，学界中很多人也是知道的。这种关系，从地域和交往上来看，可能也是渊源有自。但这只是我私下的推测，我并没有问过钱先生。陈衍与沈曾植的交往情况，在海日楼诗中有反映。但两人在交往过程中，却常有护前的事情。比较而言，沈曾植首先是学者，而陈衍则更文人化。钱先生后来写文章说，陈衍有标榜声气之习，文章收在《梦苕盦论集》中。

钱先生与沈曾植的渊源，与王蘧常还有点关系。最初是沈曾植之子沈慈护把沈曾植的一些遗稿交给王蘧常，托他整理。但王太懒散，十年都没有做成。后来沈先生生气了，把文稿全部拿回。这之后有人推荐说，有一位钱仲联，年纪虽然不大，但学问很好，可以让他来整理手稿。就这样，钱先生在沈家住了两个多月，将重要部分全部抄出，其中的文章笔札就整理成《海日楼札丛》及《海日楼题跋》，由中华书局出版，是60年代。书出版以后，钱先生给郭沫若寄了一本，但无回音。由于沈曾植的笔记文稿中有大量元史地理方面的内容，所以钱先生只是整编出来，自己并没有加注解案语，尤其是涉及域外历史语言的部分。钱先生说，他不能随便处理这部分内容。经过钱先生注释处理的，主要是海日楼诗。不过，当年出版的《海日楼札丛》并没有收录齐全沈曾植所有的笔记文稿。后来钱先生又清理出一些文字，分别发表在《文献》和《学术集林》上。广东高等教育出版社准备出版更为齐全的沈曾植文集，已经预支了三分之一的稿费，但不知什么原因一直未出书。

钱先生当年为了注解海日楼诗，专门置备了一部大藏经。当时正值二战，米价很贵，钱先生是用两担米为代价换来的这部藏经，可见用力之勤。钱先生的学生曾经问过他，哪一部著作在写作过程中是难度最大的。钱先生回答说，他一生著过很多书，但感觉到最费气力的还是年轻时注沈曾植的诗。后来由于生活困难，钱先生又以两担米的代价将大藏经出让给别人了，当时他已注完海日楼诗，不再用了。沈曾植精通佛学，诗作中大量使用佛典，所以钱先生购置大藏经以备使用。钱先生说，那部藏经是好版本，频伽精舍版的。但他又说，佛学可以作文化现象研究，至于佛学所讲的内容原本当不得真，唬唬人的东西。民国时有很多好佛崇佛的人，都很狭隘。如果当初自己不是趁年轻做成了海日楼诗注，等年纪一大恐怕也做不动了。当时就为了沈曾植诗中的佛典问题，钱先生把整部大藏经查阅了一遍。这样的勤奋，在学者中是少见的。

然而，钱先生对沈曾植诗的评价，数十年来却经历过几次变化。当时在文人中盛行一种诗坛点将录的游戏方式，就是模仿水浒一百零八将的形式，对当代诗人进行品评，当然是限于旧诗的写作。钱先生也作过诗坛点将录，其中就包括沈曾植。开始是点为大刀关胜、入云龙公孙胜，但最后却点为青面兽杨志。钱先生说，诗坛点将录是游戏笔墨，好玩而已。但是从这里面包含的前后变化来看，却可以窥得钱先生对沈曾植诗的评估。最初认为沈诗奇巧变幻，到后来只是说沈诗比较怪，与一般人不同，显然有一个不断比较的过程。钱先生说他自己早年的诗作也受过沈曾植的影响，但后来觉得对沈曾植的评价不宜夸大，应客观，所以很自然会有一番调整。当然这些还是比较外围的情况，钱先生有专门的论文论述过沈曾植和同时代人的诗。比如《论同光体》，将沈曾植视为同光体诗人中浙派的代表。但是《论同光体》这篇论文的观点，后来也调整了。钱先生说他最新的认识，体现在后来发表的《沈曾植诗学蠡测》一文中，指明沈诗受龚自珍影响，一线下来，集学人之诗与诗人之诗于一体，对同时代学术及诗写作发生重要影响、开风气之先的事实。以前很多人喜欢引述《论同光体》中的观点，但这些观点却早已变化了。关于沈曾植的研究，钱先生可说是六十年来第一人。通常人们提到沈曾植，多是谈他的书法成就，而很少涉及其他方面。像钱先生这样了解沈曾植诗学的绝少。钱先生说，沈曾植在西北史地、辽金元史方面的成绩，主要是在当时的条件下，能开风气之先。但后来的很多学者，于具体研究上，已然超过了沈曾植的水平。沈曾植借助音韵学为工具来治元史地理，不如直接借用历史语言工具的学者便利。所以他的东西，难免过时。但是沈曾植的诗创作，由于与时代政治有关系，永远有其特殊地位，这却是取代不了的。至于他开风气的作用，也应予充分的尊重。

说到这里，对沈曾植有必要作些交待。沈曾植生于1850年，是清末的著名学者。曾经做过多年京官，在刑部供职，所以沈曾植的律学很精。但他在政治上并没有什么发展，只是一介书生，其学术方面的影响是主要的。即使如此，沈曾植一生也参与过两次较重要的历史政治事件：戊戌变法和张勋复辟。相关的情况在其诗作中都有反映，对沈曾植自己一生的经历、生活也发生了很重要的影响。尤其是关于张勋复辟一节，沈曾植自己也是隐讳的。罗振玉在给王国维的书信中说，沈曾植在政治上有依赖根性，罗、王与沈曾植的交往是很近的。新出的罗继祖编罗振玉、王国维书信集中，有很多关于沈曾植的材料，其中张勋复辟前后的相关情况，都是很详细的。罗振玉与王国维主要是在学术上推重沈曾植，称为天才学者。王国维平时不太过问政治，而罗振玉与沈曾植在政治上意见有出入。沈曾植虽然是学者，但因为在官场多年，所以行事有时候也很隐密。在前清沈曾植就鼓动康有为上书言变法，但康有为与沈曾植初见面时并不和谐。大概康的态度太过狂傲，沈曾植只能搬出自己的学力来挫掉康的锐气，说，你再读十年书再来与我接谈。后来张勋复辟事件中，康有为与沈曾植也在一起，同避一所寺庙中，相互唱和自解。所以沈曾植留下的很多作品，都有诗史的特点。居上海的遗老中，沈曾植是代表人物，留着长辫子，一直抱着光复的信念，直到复辟事败以后才消沉下来，晚境心情也可想而知。当年沈曾植出行，有很多事是其子沈慈护安排的，沈氏家人对外守口如瓶，有很多事自然不会说。但从沈曾植遗留下的诗作，以及友人之间的书信中，还是可以考证出一些事端的大体实况。在今天的社会来看，前人抱何种政治立场、信念、态度，并不是强求一律或很严重的事情。所以，对历史中的人物来说必须讳言的东西，在后人眼中也就显得很平常了，都在情理之中。

海日楼诗从时段上来讲大体可以分划为四个部分：甲午战争以前是第一个部分，这一时段存留下的诗数量相对较少，也比较平淡，我们可以看作一个过渡。甲午以后直到清亡以前，可以看作第二个段落。实际上沈曾植以后所坚持的遗老态度，这时已经很明显了。他也预见到了清室的覆亡。清亡以后的诗作，基本上是贯穿在遗老思想这一线上的。但是以张勋复辟事件为分界，这以前与以后的诗作内容上却有所不同。复辟以前，沈曾植一直相信恢复非不可为，这种态度和认识在罗振玉给王国维的信中也讲得很清楚。所以张勋复辟，沈曾植是一个主要的参与谋划者，并出任学部大臣，这件事在陈寅恪写的王国维挽诗中就提及过。罗振玉给王国维的书信中也说得很详细。但是复辟很快就失败了，沈曾植的处境一时很窘促尴尬。事败对他的严重打击，从很多诗中都能看得非常清楚。这里面当然免不了怨恨，沈曾植认为张勋那些人干不成什么大事。后来写的诗，当然也消沉下来。所以清亡以后的诗作，虽然是一个整体，但复辟前后的情况又明显不同。因此不妨以张勋复辟事为限，切分为前后两个部分，似更合宜一些。当然，对沈曾植诗的读解，各人可以有自己的理会和划分，没有固定不易的框架，一切都是灵活的参考。尽管沈曾植一生所写的诗中，题诗书画及与友人唱和的作品很多，但仍然处处不忘寄义其中（政治方面）。也就是诗有今典古典，而今典是灵魂。从这一点来说，后来陈寅恪的诗作也是一样。如果我们把前后两代人的诗联观，就构成一部侧面的近现代史，尽管沈曾植与陈寅恪各自所处的政治时代不同。这就是沈诗何以会有其特殊价值的原因。其实不仅仅是沈曾植，同辈人中，如郑孝胥、陈散原、李慈铭，等等，其诗文也都有同样的特点，他们是一个群体构成，而非个人。个案考查，其实还是要植基于士群背景下的。

当然，如果要具体演说沈曾植的诗，就太烦琐了。这里只能泛泛而言。详细的可以直接看钱先生的诗注，因为诗注使诗义清晰而明确。我在1993年碰到沈曾植的问题，当时没有头绪。2000年我申请跟钱老做沈曾植研究，以解决这一疑难。钱老表示欢迎，当面谈了多次。钱老说，沈曾植的史地之学，如果研究，余地不大，且不容易出成果。因为这要求结实的历史语言根柢。但是沈曾植的诗，还有可研究的余地，也更容易出成绩，不像其史地之学，有很多误点，已为后人超越。这样，我遂把精力集中在海日楼诗上面，在钱老指导下写论文。但当时沈曾植集还没有出版，手边没有基本的文献，便不能工作。钱老说，海日楼诗集的原稿已交给了中华书局，另有一复印件，已经捐给嘉兴图书馆了，可以等到书出版以后再研究写作。先生虽然是这么说，事情当然不能那样去做。于是我们跑了一趟嘉兴，范笑我先生帮忙又复印了一套《海日楼诗注》，二十七大本，于是开始了论文写作。我一直在想，自己在知识准备上并没有优势，为什么钱老会接受我随他做沈曾植研究论文呢？因为在与先生相处的过程中，我发现他并不总是宽容一切想法的。有人去找过他，说要做沈曾植年谱，先生很不以为然地对我说，这都是妄人的想法。要知道王蘧常写的沈曾植年谱，也只能到那一程度，更何况没有与沈曾植接触过的人呢？与其做沈曾植年谱，还不如做沈曾植学谱。总结沈曾植的学术思想，倒未必不可以。并且还举王懋竑的《朱熹年谱》为例，说这部书做得很好，因为它把朱子的学术思想系年编排总结。研究一个人，主要是研究他的思想，不是零零碎碎地记账。我记得就是那次谈话，钱先生跟我讲了他很重要的一些想法。说学问之道，就在于取精用宏四个字。取精就是高效充分地利用既有的材料，而用宏是关键，就是利用材料阐发思想。有很多人对思想无兴趣，对材料兴趣大得很，这令人非常遗憾。钱老很感慨地说，他碰上了政治年代，很多话不敢讲，当时一谈哲学、谈思想，必涉入政治，于是他只好装作不懂，别人也就真认为他不懂。幸好他爱好文学，以后就搞文学罢。以前他想做近代儒学思想发展史，因为条件限制，也没有做成。但沈曾植在经学、儒学发展环节上是可以注意的。先生对我讲的很多话，我都记在心里，这是他一生的经验。虽然平时从来不说，说时也很简略。钱老还说过，中国大百科全书文学卷曾让他做副主编，但这部书先生是不满意的，他认为可以做得更好些。有一次报告完论文后，先生对我说，有些事是说不清的，我们就不要管了。这些点滴的小事，都让我看到一种沉重感。

沈曾植的诗虽然以晦涩著称，但也不是所有诗作都难读的。其中也不乏精致的小品，读来很上口，技术上与感发上都是很不错的。比如《睡起》一首云："人语江入吴，鸡鸣日加午。惺然三世身，饷此一炊黍。"以前沈曾植的诗不太容易看到全貌，所以谈论沈曾植书法的多。诗注出版以后，可能会有所改变。对沈曾植的字，钱老跟我说过，沈被誉为三百年来第一人。这与他的文名可能也有关系。钱老还说，沈曾植写字，多用偏锋；王蘧常写字，多用中锋。沈先生的字，一般人认识；王先生的字，一般人不容易认。在嘉兴开会时，我们碰见王先生的学生，说王先生晚年想扩充沈曾植年谱，但是已力不从心了。那天开会钱老没有参加讨论，去了烟雨楼，钱老说他已经很久没有出门了。

　　钱老做海日楼诗注的时候才三十岁，而我随先生做论文，却只能在诗注的基础上组织一下，与老辈学人相比，功力相去太远，这是需要用很多年来补课的。当时我对写作全无信心，因为诗本来就是不容易做的题目。但钱老说，你只须就某一点有所见，写一篇论文即可，勿作太高要求。后来钱老给我批改论文，九五高龄的老人，几千字的段落总是一口气看完，并当面讲解，即使在他肿瘤做手术以后也是如此。钱老早年曾就读于无锡国专，但学问上主要还是得力于家学与师承，是地道的以传统方法培养出来的学者。其实沈曾植诗的研究，只是钱老早年做的一件工作。钱老一生的治学范围极广，跨度也很大，从唐代的韩愈、宋代的陆游，直到明代钱谦益，以及清代近现代诸家，可以说没有不精通的。而且那些部幅庞大的著作，都是凭一己之力独立完成，这样厚实的成绩与学力，在全国也是鲜有其匹的（当然是指钱老的治学领域）。我经常想，大学教育，尽管可以批量地生产和制造出人才，但是否可以如传统家学那样培养出拔尖人物来呢？这不能不说是一个问题。因为学问、思考，与学历资格本来是没有关系的，完全取决于个体自身的努力。包括外围的条件与环境，也要靠自己去争取。人文营建的注意力，最终还是要集中在高层区域。现代学制虽然完成了制度化、规则体系，但不能讳言，它也有对个体消耗的一面。当我们完成了学习年限的要求时，回过头来看，还是有大量要补的课，可能从来都还未有针对地学习过。这样，我们在幼功及学养上的不足，又如何能超越前代学人呢？学问虽然可以另辟蹊径，但出奇制胜显然是不能永久解决问题的。在与钱老的接触中，我最大的收益首先是一些直感的东西，而非具体的知识，这有点像软件与硬件的关系。

聚焦

20世纪中国两次和平转型的机会

傅国涌

近代以来，我觉得中国有过两次和平转型的机会，却失去了，非常可惜。

中国是一个暴力传统非常深厚的国度，有文字记载的历史表明任何一次的朝代更迭都是暴力完成的，不是农民造反，就是宫廷政变、黄袍加身，总是这样的一种暴力模式在主导着中国社会的演变。和平转型对中国来说完全是个陌生的概念。在中国古代史中，我们是读不到和平转型这个词的。和平转型之所以在近代出现可能性，是因为引入了其他文明的因子。自鸦片战争起，从来没有遭遇过的西方力量敲开中国的大门，从而打破了一个农耕社会数千年的平静，长期以来我们一直处于农民种地纳粮、皇帝垂拱而治这样的一种模式。中国的农民只要有地种，求温饱即足矣，皇帝则充分利用中国农民的顺从、忍耐，只要不把他们逼到饿死的边缘，是不会造反的，所以一种制度可以周而复始地循环，从来没有什么变化，百代都行秦政制，不管换什么皇帝，都采用一样的制度。严格地说，统治方式就是生活方式的另一面，有什么样的生活方式就有什么样的统治方式。

近代以来两次和平转型的机会，第一次是出现在晚清新政到宋教仁被刺杀这个历史阶段，第二次是出现在抗日战争结束到1946年政协会议，之后政协决议未得到实施，国共谈判破裂，以内战告终。这是中国可以和平转型的两次比较大的机会。

和平转型成为可能是需要条件的。第一个条件是必须产生几种不同的社会力量，他们相互之间能进行较量、博弈，如果有一方特别强大，能绝对主导整个局面，那么社会就绝对不可能出现和平对话的方式。只有在这个社会有了至少两种以上的不同力量，而且力量基本上对等，或者说每一方都不具有决定性的主导权时，和平转型才有可能出现。

从晚清到民国初年这个阶段大约十来年，为什么出现了和平转型的可能性，就是因为当时的晚清政府实际上已经被西方列强大大地削弱，本身已不是一个能绝对说了算的力量。这时候在民间兴起了一股强大的、以往曾经被我们忽略的力量，就是立宪派，这股力量是建立在新兴的经济基础之上的。大量开办的工厂和对外贸易都是以往传统社会不可想象的一种经济方式，随之产生了那些人、那些力量。可以说，立宪派就是清政府之外的、独立于官方的一种新经济力量，这是第二种力量。第三种力量就是社会的强烈不满分子，包括孙中山在内的主张用革命方式来改变现状的力量。当时至少出现了这三种力量的博弈。每一种力量中又有不同的小力量，比如说清政府内部，由于中央政权的削弱，地方政府的崛起，逐渐地形成了地方大、中央小的局面。直隶总督袁世凯和他代表的北洋势力几乎超过了皇室的力量，因为他掌握了当时最新式的北洋陆军，其他各地新办的新式陆军基本上都掌握在日本留学回来的士官生手里。所以，我们看辛亥革命，严格意义上不是一场纯粹暴力的革命，只是有限暴力，它是在武昌工程营几个士兵首先起事，没有发生特别大的暴力冲突，长江流域就传檄而定，各地就纷纷独立了。各地独立的基本力量实际上也不是革命党人的力量，而是新军和立宪派的力量为主，这些力量在当时的中国已经举足轻重，是朝廷不能完全控制的。清廷面对这样的格局，选择了一种禅让的方式，可以说是非常体面，只是交出政权，继续保持皇室的尊荣。

在孙中山代表的革命阵营里面也不是铁板一块，并不是都听孙中山的，他仅仅能掌握同盟会的一个派系，名义上他是同盟会领袖，但是在同盟会当中有很多不同的派系并不臣服他，包括直接导致武昌起义的组织，叫中部同盟会，这个组织跟他就没有太大的关系，是宋教仁、陈英士他们成立的，在成立宣言里面甚至还不点名地批评了他，他们对于向来很敬重的、富有人格魅力的黄兴也颇有微词。浙江、安徽一带的光复会，从一开始就没有真正地合并到同盟会里面。以往的历史教科书说，1905年，孙中山的同盟会、黄兴的华兴会和章太炎、陶成章他们的光复会在日本东京合并成为同盟会。事实是，这三个会从来没有以会的形式合并过，也就是说不是组织上的合并。华兴会也是一样，大部分骨干成员都加入了同盟会，当时他们曾开会研究要不要取消华兴会，讨论的意见是既然大部分骨干都已加入同盟会，华兴会就不要活动了。兴中会整个转入同盟会，兴中会事实上就不存在了。光复会只是个别成员以个人身份加入了同盟会，但光复会的名称一直保存着，在长江流域一带继续以光复会的名义活动，从来没有说它们被同盟会取而代之。仅仅两年以后，1907年，孙中山和章太炎、陶成章之间的分歧越来越大，为了经费的支配、筹集等问题，矛盾非常深，所以就分家了。已经加入同盟会的光复会的主要人物都脱离了同盟会，自立门户，重建立了光复会总部，重新去发展自己的组织，跟孙中山派系争夺筹款的资源。

在立宪派内部也没有一个领袖具有决定性的、影响全中国的能力，从来都没有。立宪派是晚清新政的产物。1900年，八国联军把慈禧太后赶到西安之后，她才意识到必须执行被她亲手扼杀的戊戌变法的遗产，甚至走得比戊戌变法更远，这才有了晚清新政。许多措施超过了1898年光绪皇帝一百零三天当中颁发的那些诏书范围，已经进入了实质性的改革层面。我们现在对晚清历史的叙述，在很多地方都把当政者矮化了。以慈禧为代表的决策者已经感觉到不得不走改革的道路，除了经济改革，还要政治改革。她开始意识到严峻的危机，不光来自外患，还有内忧。当时进行的官制改革做得比较完整，从地方到中央把整个官制都改过来，有些地方甚至近代化了。像农商部、学部、交通部这样的新机构都已经出现，完全摆脱了传统社会延续了多少年的六部的官制。而且，清廷的改革已超出简单的行政改革范畴。清末新政带来的最大一个遗产就是地方自治，它给予了各个地方成立咨议局的权力，而且实质性地去做了。咨议局的选举虽然不是所有人都能参加，它有一个最低财产的限制、最低教育程度的限制，来确定选民资格和候选人的资格。即使如此，一百年前做到这样，在中国来说完全是一个突破性的进步。我们不能小看大清王朝的这种度量、这种开放，要做到这一点是非常不容易的。他们的思维方式里面从来都没有想过要通过自下而上的方式来变革社会，而是自上而下地去做，一个圣旨下去一切都解决。但是，咨议局的出现意味着中国的政治文明开始跨入一个农耕社会陌生的状态。咨议局之外，全国性的带有准议会性质、名义上当作咨询机构的资政院也已经成立，由各省咨议局选出部分代表，皇室再挑选自己的代表共同组成，皇室的比例占了二分之一强，在人数上略多一些，但是由于这些人大多数是一些老朽，一些没有什么新知识的人，所以开起会来，整个会场就被那些地方选举上来的代表给完全控制了，地方代表的发言，那些官选代表无法对话，他们压根就没有对话的能力。这个时候实际上人数不是最主要的。一个会场里，哪怕只有一个人说出"我反对"，它的意义也是非凡的。因为这里出现了不同的声音，这是质的区别，不是量的不同。晚清中国，一种新的社会力量就这样迅速地成长起来了。

当年英国《泰晤士报》驻北京记者莫理循去过中国很多地方，保留了大量的原始照片。其中有一幅照片，我看了非常震撼，他到了新疆，那个时代的交通条件，坐马车从北京去新疆要很多时间。他拍下了新疆咨议局的照片，那是一个非常普通的小院，却赫然挂着一块非常醒目的"新疆咨议局"牌子，门口有一棵老树，掉光了叶子。看了这幅照片，我的感觉是，当时的物质条件是很差的，跟现在没法比，如今一个小小的乡镇政府可能就富丽堂皇、豪华奢侈。那个时候一个省级议会机构不过是几间平房，看上去非常不起眼的一个院落。但是这不要紧，那块牌子就是一个新生事物，牌子本身就意味着新的因素。

当时的清政府和社会已经出现一种良性互动的关系。当然我们知道慈禧太后做这些并不是心甘情愿的。历朝历代从来没有一个统治者主动放弃自己掌握的部分权力、让民众来分享，开明君主的"开明"一定是有具体原因，这个原因，我们要到历史中去寻找，他们的原因可能各不相同，但肯定都有自己的原因，绝对不可能是他们主动地让渡出一部分权力。包括蒋经国二十多年前在台湾开放报禁、党禁，走向民主化，他也是因为有很多的压力，是综合的因素迫使他做出这样的抉择。但是一个统治者能够作出这样的抉择，无论是出于什么样的原因都离不开他主观上的决定。所以哪怕是不情愿的，是假的，最后弄假成真了，我们都得肯定这个统治者的这一举措，历史上还是要给他写上一笔。什么叫历史？历史就是"是者是之、非者非之"，他做了这个事，就要把它用刀刻在一片一片的竹简上。

有了朝廷和社会之间的这种互动，到了清朝快要崩溃的前几年，事实上已出现了一种和平转型的可能性，而且历史的步伐已经迈开了，但是它的步子慢了一点，被革命的步伐超过了。孙中山代表的革命力量始终是社会的重要力量之一，哪怕他们的人数最少，力量有限，哪怕他们都被赶到海外去了，但它始终在场。历史就是这样。不是因为你弱小就不存在，而且所谓的弱和强是可以转化的，有时候它的转化可能就在一个晚上。我们看东欧的当代历史，齐奥塞斯库在广场上演讲的时候还是威风八面的，他在台上侃侃而谈，那么的从容，转眼之间攻守之势易也。历史不能完全用量来衡量，有时候数学在历史当中没有太大的作用，它是无法进行精密计算的，数学算不出历史的尺度，数学也算不出王朝更迭的时间，数学更算不出历史未来变化的趋势。很多的时候，量的因素在历史当中并不起决定性的作用。

概而言之，一个社会产生了两种或三种以上不同的社会力量，而且没有一种可以把另一种立马吃掉的那种格局下，是有可能出现和平转型的。

当然，和平转型需要有第二个条件，那就是遭遇一个大的契机，这个大的契机当中非常重要的一个因素就是国际性的背景。世界进入近代之后，就没有一个国家可以孤立地画地为牢，自己关起门来玩过家家了，尤其不能再按照历朝历代玩过的旧玩法，它要融入整个国际政治新格局当中。晚清到民初，对中国影响最深的是大英帝国。由英国解密的蓝皮书可知，英国驻华机构每天都在观察中国的政局变化，然后向伦敦的外交部汇报，他们对中国时局走向的分析，简直比我们中国人还要了解中国人，他们比中国人还要关心中国人。英国驻中国公使朱尔典对推动清朝的和平交接起了非常大的作用，朱尔典的干预直接导致了袁世凯的上台，甚至一个外国记者都能在关键时刻发挥意想不到的巨大作用。《泰晤士报》记者莫理循在中国近代史上是一个非常重要的人物，他多次介入了中国近代的重大事件。他在中国待了几十年，是一个典型的中国通。他跟袁世凯有一定的私交。武昌起义之后，他密切地关注中国，利用给《泰晤士报》写电讯的方式影响中国的政局，其影响之大，是我们今天所无法想象的。他的一篇电讯能直接影响英国的国策，英国的态度又能影响法国、德国以及其他列强的态度。英国介入中国的政局，我们今天重新面对这些问题时会觉得这是一个悖论。我们很不希望外国人介入中国的事务，但是历史就是有悖论，就像租界的存在一样。租界肯定是一个不好的东西，因为它在中国的土地上建立了一个国中之国，有法外治权。但是没有租界,中国的近代史可能就要彻底地改写,包括中共的党史。没有租界,毁灭一个新生事物,毁灭一个密谋组织几乎可以不费吹灰之力,但是有了租界就完全不一样了。所以租界也好,外国力量对中国的介入也好,我们在看到它负面影响的同时,应该也看到它那些正面的因素。它在推动中国历史的进程当中,有时候往往起到一些非常微妙的作用。英国人对中国的国策是什么?它的一个主要想法是中国不能大乱,中国要保持适当的稳定和秩序。它不想让中国陷入一个非常动荡的局面,它希望中国保持相对的统一。这样的国际背景下,事实上为中国的和平转型提供了另一个条件。因为英国对中国的影响力非常大,它的态度直接影响了一些中国的强人,包括像袁世凯这样的人物。也就是在这样的国际背景下才有可能出现和平转型的机会。

　　和平转型的第三个条件是经济上出现一些新的变化。立宪派就是建立在中国有了新的经济因素基础上的。在洋务运动之前,中国几乎没有工业,中国的企业都是1870年以后出现的,最初几乎都是以军工企业为主,没有什么民用工业。中国早期的企业除了几家官办的大企业之外,其余都是外国人办的,中国人开始有自己的民营企业,真正起步是在1895年以后,是在签定《马关条约》之后。《马关条约》是一个屈辱的条约,要赔款、割地。这个条约里面有一条就是外国人可以在中国设立工厂。正是这个条款极大地刺激了中国本土的有识之士,其中就包括张謇。他是1894年的状元,1895年他正好在家守制,他父亲死了,按照惯例,他要在家守孝。就在这个期间他在南通创办了一个有名的大生纱厂。与此同时,在交通发达的长江流域开始出现一些带有民营性质的企业。这是中国民营经济的真正起点,是在甲午战争之后,屈辱的《马关条约》刺激之下产生的。到清朝灭亡之前,民营企业已初成气候。特别重要的是清王朝居然从1905年到1909年间,制定了一系列的经济法律、法规。从今天来看,那个年代连破产法都有了。那个时代其实有很多东西已经走到非常前面,从这些经济立法的脚步可以知道当时中国民营经济的状态,这是相辅相成的,没有实践,空洞的立法怎么可能出现呢?一般来说都是实践推动立法,当然也有例外。新的工商业的崛起意味着建立在农业文明基础上的政治运作方式面临着被淘汰的可能性。王朝必须要更新自己的统治方式,更新政治结构。慈禧在1906年9月1日颁布的预备立宪诏书可以说就是一种回应。预备立宪之后的中国就不是一个朝廷说了算的中国,实际上当时已经是几种力量并存。在这个过程中,经济力量的推动是绝对不能忽略的一个环节。

　　清朝末年发生了三次非常大的国会请愿运动。国会请愿运动的骨干大多数是社会上相对有钱一点的人,至少是中产阶级以上的人——士绅、资本家、开当铺、钱庄的人,一些家里有私产的人,这些人是有钱人,有身份的人,同时又都是读书人,他们有文化,又有经济的支撑。在这场历时两年、先后有三次高潮的国会请愿运动中,我们可以看到晚清政府当时所面临的挑战,主要不是来自革命党人,而是来自社会中层强烈要求社会变革的这种挑战。这些人在社会的变化当中已经看到了必须顺应这种变化的大势。他们认为如果继续延续旧的统治方式,君主传统将保不住,另一方面也不符合他们的最大利益,他们要发展经济,要争得更大的发言权都必须要推动君主立宪,就要把预备立宪变成真的立宪,这符合中产阶级以上的最大利益,他们面临的最大对手是晚清贵族,连袁世凯这样的汉族重臣,他们的屁股也开始坐到立宪运动的板凳上来。整个中国在辛亥革命发生之前已经发生了革命性的变化,只不过我们从来不把有钱人参政议政的愿望当作是革命,认为那个是改良,是资产阶级的。我认为恰恰他们是真正的革命,因为他们会带来一些全新的制度,而有一些主张重新洗牌、暴力革命的人反而可能是要复制前面的制度,这一点,历史已经向我们一再地证明过了。暴力革命很可能导致新一轮的专制,而不是真正的解放。解放只有在一个意义上才有可能成为真实的解放,那就是自我解放,自己解放自己。别人给你的解放都是要打问号的,人家怎么可能解放你呢?如果说承认别人有解放你的可能性,那就是要承认世上有救世主,只有救世主才可以解放别人,社会的解放是自我解放的过程,个人的解放也是自我解放的过程。我觉得当时的社会假如不发生辛亥革命,就按君主立宪的道路走下去,也完全有可能走通的。

　　但历史不能假设,只能按照已经发生的记录下来。清朝到了1910年都还有一个机会,这是大清王朝的最后机会,但他们也失去了。当时状元实业家张謇已经办了十四年企业,手里掌握巨大的资本,已经是一个庞然大物,威震东南的社会新兴阶层的领袖人物,有举足轻重的影响力。他在一次跟外商见面的宴会上,透露了一些不寻常的信息。这个外商有写日记的习惯,记下了他们一次饭桌上的对话，张謇竟然在不经意中流露了对清王朝的不满，这是一个很重要的信号，像张謇这样状元出身的士绅阶层都已经跟清王朝离心离德了。1910年之前，没有任何迹象表明他有异心，对王室不忠的异心。在这个之前，他们都非常热心地去做国会请愿运动。结果他们一次、两次、三次遭到拒绝，实际上双方争夺的焦点是一张时间表。不同的社会角色之间的分歧就是一张时间表的问题。清王朝那个时间表的分歧非常小，双方的要求只相差两年。民间的要求是立即立宪、开国会、颁布宪法，朝廷给的答案是再拖两年到1913年再解决，但是1913年就来不及了，辛亥革命在1911年爆发。如果说立宪运动的要求被清廷接受，和平转型在那一刻就实现了。国会开了、宪法颁布了，君主就是有限制的君主，君主立宪的框架就可以确立起来。我们不知道清廷拒绝这些要求的非常具体的原因，但是可以知道当时的清廷也面临着自己的一些问题，这是专制统治带来的必然的东西。它的皇帝是个小孩，是由摄政王载沣来具体管理国家政事，但是载沣又受到隆裕太后的制约，所以整个中国没有一个人可以说了算，是一个多头政治的状态，不是一个有绝对权威的时代，载沣不是，隆裕也不是，她虽然可以约束摄政王，但不能具体管理国事，这样的一个状况也是不利于变革。为什么台湾变得特别顺利，是因为蒋经国拥有绝对的权威。我们看纪录片可以知道，1987年的蒋经国是一个轮椅上的、风烛残年、病入膏肓的人，他的生命已经进入倒计时，说话都非常吃力，最后一次公开露面只说了一百零四个字，包括好几个口号在内。就是在这样的情况下，他居然有能力做出重大的转折性的决定，就是因为他的权威，绝对权威，他在做出这个决定时没有其他人指手画脚。国民党在开放党禁、做出这样的决定时，内部并没有达成高度的统一，没有中委开会充分讨论、做出决定，就是蒋经国决定了就可以了。人家服从他、信任他。权威有时候也有权威的好处。历史经常有这样的悖论。清朝末年缺乏一个说了算的权威，也使它失去了一个接受民间要求迅速开国会、立宪法的可能性，接下来辛亥革命发生了。辛亥革命是有限的暴力革命，不是无节制的暴力，杀虐不是很重，而且时间很短，没有发生大的南北战争。这个辛亥革命看起来就是整个清末民初和平转型进程中的一支插曲，一支类似于放鞭炮的庆祝性的插曲。

和平转型的重心从辛亥革命到1913年的春天那段时间，可以说是中国有史以来政治上的黄金时代。中国的报纸一下子出现了五百多种，今天听来，认为五百是一个小数字，但在那个年代有五百多种报纸是一个非常大的数字。政党和具有政党性质的社会团体一夜之间冒出了几百个，当然经过分化以后留下来的不多。1912年冬天参众两院的选举和咨议局的选举也有很大的相同之处。选民资格的四个条件：一是文化程度，相当于小学文化强调同等学力，那个年代的人不重视文凭而重视能力。第二个条件是财产的限制，我们看西方的选举史一直就有这种限制性条款。虽然有条件限制，选举过程当中也出现了个别的越轨，包括极少数的买选票行为。但这并不表明选举本身有什么问题，而是恰恰说明了这种选举可能给中国带来真正的、全新的共和国，当时叫中华民国。随着时间的推移这本来可以慢慢改变的，这次选举产生的议员组成非常有意思，有人把咨议局和这次选举产生的议员作了一个比较，咨议局议员大都有旧的科举功名，秀才以上，有的是举人，有的甚至是进士，以秀才为主，有个别是新式学堂出身，也有从海外归来的，但是不占主流。就年龄比例来说，四十岁以上的人占多数。到了民国，选出来的参众两院代表平均年龄是三十六岁，都是少壮，学历有个别是旧科举功名的，绝大部分是新学的，国内的新式学堂毕业或者是从海外留学归来的，一下子面目全新。当时这个两会选举结束，宋教仁就踌躇满志、志得意满，认为成功了，袁世凯已经成了掌中之物了。因为宋教仁所领导的国民党占了二分之一以上的席位，掌握了参众两院的多数。那个时候的法律是总统制和内阁制相结合，内阁总理要由多数党的领袖担任，国民党在大选中获胜意味着作为实际党魁的宋教仁将成为总理。当时还有一条法律规定，总统签署的任何法律都必须经过内阁副署。那就意味着袁世凯总统的绝对权力受到限制。所以宋教仁非常兴奋，以为凭宪法、国会和内阁这三样法宝就可以约束旧官僚、旧军阀，让中国走上宪政的轨道。他有一个非常著名的讲演，其中说，以前我们是革命党，革命党就是要拿出铁血的精神拼命，现在我们是普通政党，就要拿出自己的政纲来去跟他们奋斗。这几句话非常到位，三言两语就把复杂的东西说清楚，说明白了。普通政党就不是天生的执政党，它的合法性是建立在选举的基础上的，没有足够的选票，你就得在野。1913年的春天，宋教仁实际上已经胜利在握，但就在这一刻他被暗杀了。中国第一次和平转型的机会，被1913年的3月20日上海火车站的一声枪响终结了。

民国初年的两院选举是完全建立在晚清宪政的基础上的,中间的辛亥革命是个插曲,它并没有中断和平转型的进程。一个社会在大的变迁过程中,怎样不发生大的动荡、大的冲突,怎样避免出现长期的乱局,以最小的代价获得最好的结局,这是需要政治家、知识分子、民间社会的精英、企业家阶层,需要社会方方面面的人运用自己高度的理性,付出最大的努力去实现的,不是某一个党派、某一个组织可以做到的。历史变革的进程不是一家所决定的,包括那些暴力最强大的、大一统的新天下,在造成之前的那一刻其实还是有很大的变数的。

众所周知,宋教仁被杀之后,孙中山代表的革命派就选择了暴力反抗,组织了"二次革命",战争主要发生在江西和南京,所以当时叫"赣宁之役"。之后出现袁世凯称帝、张勋复辟、军阀混战,一直到了1927年以后,国民党用武力造成了一个新政权。

到1937年以后,民族危机,又出现了新的变数,给中国带来再一次和平转型的新机会。这个机会是,抗日战争提供了一个国际大背景的条件,当时美国所代表的国际势力主张中国走和平的道路,这是大势所趋。抗日战争的胜利给了中国一次重新凝聚人心的机会,也是今天的人们难以想象的。当时人们把蒋介石奉为民族英雄。上海最大的百货商店高楼上面挂着巨幅画像,还有标语。还都南京的时候,蒋介石受到南京市民欢迎的热烈程度,也让我们今天很惊讶。那个时代就是这样一种氛围,其实和平的呼声非常响亮。特别是国际压力,所以蒋介石才会一而再地从重庆发电报给毛泽东,请他到重庆来。这是在国际背景下发生的事情,这是第一个条件。第二个条件是当时的中国存在着几大势力,最大的当然是国、共两党,双方都掌握着庞大的武力,但是我们千万不要忽略了在这两个集团之外还存在着非常有号召力的第三种力量。这第三种力量也不是铁板一块,而是由无数不同的群落构成的。其中最大的一股就是中国民主同盟。民盟在当年的实力可能是今天的我们难以想象的,因为它当时起的是国共之间平衡的作用,张澜、沈钧儒、罗隆基、章伯钧这些人在当时都是庞然大物,都是显赫的政治人物。罗隆基一生最扬眉吐气的时候就是1945年秋天到1946年春天。我记得有人曾经说过这是中国历史上唯一的一次不靠子弹,而靠才智发言的时代。每一种不同的政治主张，每一个不同的政治派别，每一个不同的社会团体都可以坐下来对话。尽管双方的观点针锋相对，但是可以讨论，可以争得面红耳赤。讨论完了，双方还可以握手言欢。政协会议就是因为当时中国存在好几种不同的政治力量，才需要坐下来协商。"政治协商"这个名词不是共产党人起的，而是法学家出身的国民党高官王世杰起的。那个"政治协商"是真的协商，双方有可能是对立的，分歧很严重，但是可以坐下来协商。当时还有另外一种很重要的力量，没有能够进入政治协商的格局当中的社会团体，批评他们那些党派开的是分赃会议。中国这么大，怎么只有这么几家坐下来谈，其他人怎么办？跟这些党派都没有关系的人更多。那个时候选择各种政治党派基本上是基于信仰，当然也有机会主义的人，这个永远都避免不了。有一个党叫中国青年党，是跟国共两党同时崛起的一个党，它是1925年在巴黎成立的国家主义派别。这个政党鼎盛时期党员有四、五万人，大部分分布在文化、教育等岗位上。中国青年党一度是民盟的三派之一，后来分裂出来。民盟为什么影响比青年党大，因为民盟都是中上层的知识分子。参加政协会议，能够坐在桌子上谈判的代表，国民党八个、共产党七个、民盟九个、青年党五个、无党无派五个，有出版家王云五、报人胡政之、实业家缪云台、学者傅斯年、作家郭沫若，其中郭沫若是红色背景。这样一些人坐下来讨论，讨价还价，刀光剑影，唇枪舌战，最后终于达成了五个历史性的文献，包括制定一部新宪法的基本原则，非常的细致，里面的很多东西今天看来都非常好，不仅仅具有历史的价值。包括改组国民党主控的国民政府方案，连怎么样分配的比例都有了。包括选举一个孙中山所设计的国民大会，代表比例怎么分配，原来的老代表承不承认，这个争论是最激烈的。还有一个共同纲领性质的《建国纲领》，也达成了原则性共识。除了这四个"文"的方案，还有一个"武"的军事整编方案，共产党下属的军队和国民政府的军队按什么比例整编都已经谈妥了。如果按这五个方案去做，抗日战争的胜利就给中国带来了一次空前的和平转型机会，就把中国这个国民党一党专政的国家带入了货真价实的共和国。

  但是我们知道，历史的结局是没有人去执行这五个协议，最终还是以武力决出了胜负。为什么这么大的一次和平转型的机会，这个天上掉下的大馅饼我们会接不住？对此，我个人有几个不成熟的看法。其中一个原因是，历史学家孙隆基在《中国文化的深层结构》里说，如果中国同时并存两个拥有武装的打天下集团，必然要一家吃掉另一家，否则是不会罢休的。他的这个说法放在1946年的中国来看也是基本成立的。国共双方都掌握着大规模的武力，要用和平的手段化解战争、化干戈为玉帛，组成一个民主政府，本身就存在着非常大的风险。第二个原因，我觉得中国的知识分子也要负责任。当时民盟非常有影响力的那些知识分子其实骨子里面都普遍有一种思想上的模糊，这有时代的原因，他们对苏联完全不了解，一知半解、雾里看花。民盟有一个中常委张东荪，是一个哲学家，他有一个很著名的说法叫民主社会主义，又叫做新民主主义，跟毛泽东的表述完全是同一个词，但里面的内容略有区别，但大同小异，最根本的是八个字"民主政治、计划经济"。当时很大一批知识分子、精英骨子里面信仰的是这八个字，他们认为英美提供了民主政治的样板，苏联提供了计划经济的样板，他们认为市场经济不好，有些人穷，有些人富，计划经济好，由国家按计划来搞经济。他们没有看到苏联本国发生的问题，比如饥荒，这些负面的东西他们都不知道，他们认为苏联解决了人类长期以来一直困扰的一些问题，比如分配不公等问题。他们设想，如果把苏联和英美加起来就是人类最完美的模式。他们忽略了在任何一种政治模式或社会制度当中都存在着不足和缺陷。这个不足和缺陷不能靠"1+1"去解决，把不同的制度加在一起，而是要看哪一种制度具有更强的自我更新能力，自我反省的能力。那个时候他们还看不到这些，所以民盟的中上层知识分子大部分都是倾向于左的，都是中间偏左，只有小部分是中间偏右。这就意味着在有武力的两党之间的中间力量，本身就带有倾向性，不是站在完全中立的立场上，这是导致和平转型破产的一个因素之一。第三个原因，我们不排除在这个过程当中，有一些国际势力，特别是苏联起了一些作用，当然这需要更多的史料来论证。

  历史留给我们中国人和平转型的机会是很少的，我们几千年的历史都是暴力造成的，连伟大的、创立民国的孙中山，1920年初在上海见到张国焘、许德珩这些"五四"学生时，竟然对他们说，你们搞五四运动，上街游行喊口号很了不起，有点作用，但这只是赤手空拳，我给你们五百支枪，你们敢去干吗？这番话流露出来的那种心态大成问题，就是说连孙中山这样的呼吸到西方文明的政治领袖身上也带有很强的暴力倾向，最终走的道路就是黄埔建军，直接导致了蒋介石的南京政府，这是国民党专政的政府，一个党、一个主义、一个领袖。连孙中山这样的人，现在看来已经够伟大，要给他足够多的正面评价，但就是他这样的人物身上也带有这么强烈的暴力决定论倾向，要让中国人从暴力的传统当中超越出来，确实非常艰难。

两次和平转型的机会在几十年之内先后流失，可能带有某种必然性。这就是我们中国人的宿命。我非常喜欢六个字"尽人事、听天命"，不是说一种宿命。在大的历史变迁当中，有时候，人的计算、努力，都是非常有局限的。当然，这些努力在很长的一个时间里不是完全无效的，总是能在历史的进程中刻上一刀，留下一道痕迹。真正决定历史变化的是什么？就是每一个人不同方向、不同领域的努力背后，类似于我们经济学上讲的"看不见的手"这样的东西，我把这个叫做"天命"，跟中国传统文化讲的天命不太一样。传统的天命，讲皇帝是天命，君权神授那些东西。在人力无法到达的地方还是有一些非常强大的、改变历史的因素，和平也好，暴力也好，这些事情发生了，是无法挽回的。历史的一次扭转可能就是几十年、上百年，几十年、上百年在漫长的编年史当中并没有什么了不起，有时候只要写一句话就足够了。比如说我们写西方的中世纪，"黑暗的中世纪一千年"一句话就够了，其他的可以忽略不计。比如说，未来五百年之后去写历史，当代史也许只需要几个字去表述，我们也不知道，今天是个未知数。这就是天命，是我们无法控制、无法把握的。但是我们可以尽人事，可以去做我们可以做到的那些事。这就是我前面说的，我们做的这一切，很可能没有结果，但是它不会等于零，为什么不会等于零，因为它可能在编年史的竹简当中留下一道一道小小的划痕，这个划痕也许很轻，但是它会留下。因为历史是一根链条，每一个环节都不可缺少，每一个环节是环环紧扣。古往今来，无论多么显赫的权势人物都在历史中化为烟尘，化为粪土。所以众生平等，每一个人的努力都不会等于零，历史是由每一个人的每一个细节的努力共同构成的。一个社会能不能在关键时刻实现制度的转型，有的时候就取决于千千万万具体的个人看起来微不足道的努力。如果那些努力都是理性的、清醒的、适当的，那么历史向正确的方向转化的可能性就会大大地加大。如果那些努力都是狭隘的民族主义式的、狂热的义和团式、新左派式的，在某一个时段看起来也许都有些道理，但是我觉得在这个世界上最重要不是主义，主义都是人为的、强加的，多一种主义，这个世界就多一份纷争。我看晚清到民初的这段转型，那个时候人们并不讲主义，人们所追求的方向其实是很清晰的，就是要把中国从古老的帝国带入一个新的民国。从帝国到民国就是一个全新的概念。抗日战争胜利后就是要把国民党一党专政的政府变成一个多党执政的联合政府，目标都很清晰。那个时候没有什么太多的主义，主义的纷争都是在社会和平转型的契机还没有真正到来的时候。人与人之间最大的分歧还不是主义的分歧，选择的路不同，但最终要回到一条路上来，条条道路通罗马。人类的历史证明一点，那么多成功完成制度转型的国家最终靠的都不是枪杆子。我们可以这样说，美国的独立战争打了八年，但那种武力都是有限武力，那种暴力也不是绝对暴力，那种暴力更多的是象征性的。假如说华盛顿的军队跟英国皇家的军队真的要血战，当然也打过几次硬仗，它是耗不起八年的。华盛顿的军队严格意义上讲是一种象征性的武力征战，类似于当年曼德拉要搞"非洲之矛"一样，他不是要打人，而是要打建筑物，他的武力是象征性的，是有具体目标的。

中国人失去了那两次机会之后，历史就走到了今天。

（上接113页）这种现象多少带点规律性，是值得研究的一种文艺现象。但我想，这个"何其芳现象"似乎还应包容着更为复杂更为广泛的内容。那就是：一个小资产阶级的知识分子，经过多年的磨砺，"修成正果"之后，脑子里可能会装上了一些那个时代颇为流行的"左"的思想元素，在日常的生活和工作中，常常会自觉或不自觉地带上"左"的印记，这样，在他们处理事务或治学时就难免会产生他们所始料未及的不良后果，甚而至于会伤害了别人。在这样的条件下，一些有着善良愿望的人，他之所作所为也不一定总是正确的。因为，任何的智者、圣者也总是难以完全摆脱社会意识形态（或者是当时社会的主流思想）的影响。也许，这也属于胡风所说的"精神奴役的创伤"之一种吧。何其芳是一个热情、正直、心地坦荡的学人，虽然他的文章难免会打上时代的烙印，如果有，那也是不自觉的流露。或着说，他也是在认真地宣传他认为是正确的"真理"。

聚焦

鲁迅与钱玄同的化友为敌

张耀杰

鲁迅去世后，钱玄同在《我对于周豫才君之追忆与略评》一文中概括说："我与他的交谊，头九年（民前四——民五）尚疏，中十年（民六——十五）最密，后十年（民十六——二十五）极疏，——实在是没有往来。"[1]

具体来说，本名周树人、字豫才的鲁迅，与字德潜、号中季、又号疑古的钱玄同之间的由疏转密，是以1917年8月9日为重要标志的；两个人之间的化友为敌，是以1929年5月25日为重要标志的。

鲁迅与钱玄同的由疏转密

查阅《鲁迅日记》，两个人之间最早的通信记录是1913年3月16日的"得钱中季书，与季市合一函"。

钱玄同（中季）与许寿裳（季市）合用一个信封的来信已经佚失，现存最早的钱玄同致鲁迅信，写于1915年4月9日，其中写道："委件又迟了许久，未曾报命。弟不善作篆，真书虽拙劣犹或稍愈于篆，故改写真书，未识可用否？"[2]

由此可知，鲁迅此前曾经索要过钱玄同并不擅长的篆体书法，钱玄同送给他的却是真体书法。

1917年8月9日，钱玄同第一次到南半截胡同绍兴会馆与周氏兄弟聚谈，周作人在日记中留下的记录是："钱玄同君来访，不值。仍服规那丸。下午钱君又来，留饭，剧谈至晚11时去，夜颇热。"[3]

鲁迅在日记中留下的记录是："晴，大热。下午钱中季来谈，至夜分去。"[4]

这是钱玄同与鲁迅及周作人兄弟之间由疏转密的重要标志，在随后的两年多时间里，三个人之间借助《新青年》杂志展开了密切合作。

据《鲁迅日记》记载，钱玄同1918年间到绍兴会馆访谈二十七次，寄给鲁迅书信六封，为鲁迅代领薪水两次，一起外出赴宴两次。鲁迅1917年至1919年的三年时间里，共寄给钱玄同书信近四十封，其中包括1917年的五封。

另据钱玄同在《我对于周豫才君之追记与略评》中回忆："六年，蔡子民（元培）先生任北京大学校长，大事革新，聘陈仲甫（独秀）君为文科学长，胡适之（适）君及刘半农（复）君为教授，陈、胡、刘诸君正努力于新文化运动，主张文学革命；启明亦同时被聘为北大教授。我因为我的理智告诉我，'旧文化不合理应该打倒'，'文章应该用白话做'，所以我十分赞同仲甫所办的《新青年》杂志，愿意给它当一名摇旗呐喊的小卒。我认为周氏兄弟的思想是国内数一数二的，所以竭力怂恿他们给《新青年》写文章。七年一月起，就有启明的文章，接着第二、三、四诸号都有启明的文章。但豫才尚无文章送来，我常常到绍兴会馆去催促，于是他的《狂人日记》小说居然做成而登在四卷第五号里了。"

这里的"六年"指的是民国六年即1917年。"七年"即1918年。查阅《新青年》杂志，早在周氏兄弟到该杂志发表文章之前，钱玄同已经通过写给陈独秀的读者来信，在1917年8月出版的《新青年》3卷6期中替周氏兄弟摇旗呐喊："至于从'青年良好读物'上面着想，实在可以说：中国小说，没有一部好的，没有一部应该读的。若是能读西文的，可以直读Tolstoi（托尔斯泰）、Maupassant（莫泊桑）这些人的名著。若是不懂西文的，像胡适之先生译的《二渔夫》，马君武先生译的《心狱》，和我的朋友周豫才起孟两先生译的《域外小说集》、《炭画》，都是可以读的。（但是某大文豪用《聊斋志异》文笔和别人对译的外国小说，多失原意，并且自己搀进一种迂谬批评，这种译本，还是不读的好。）"

这里的"起孟"与"启明"一样，是周作人的别名。"某大文豪"，指的是不懂外语却偏偏通过别人的口译改编出版了许多外国文学作品的前辈作家林纾（字琴南）。

关于金心异即钱玄同的催稿，鲁迅在1922年12月3日的《呐喊·自序》中曾经有过活灵活现的生动叙述：

"那时偶或来谈的是一个老朋友金心异，将手提的大皮夹放在破桌上，脱下长衫，对面坐下了，因为怕狗，似乎心房还在怦怦的跳动。'你钞了这些有什么用？'有一夜，他翻着我那古碑的钞本，发了研究的质问了。……我懂得他的意思了，他们正办《新青年》，然而那时仿佛不特没有人来赞同，并且也还没有人来反对，我想，他们许是感到寂寞了，……于是我终于答应他也做文章了，这便是最初的一篇《狂人日记》。从此以后，便一发而不可收，每写些小说模样的文章，以敷衍朋友们的嘱托，积久就有了十余篇。"

1925年6月15日，鲁迅又在《阿Q正传》俄文序中回忆说："我在留学时候，只在杂志上登过几篇不好的文章。初做小说是一九一八年，因了我的朋友钱玄同的劝告，做来登在《新青年》上的。这时才用'鲁迅'的笔名（Penname）；也常用别的名字做一点短论。"

同年4月14日，鲁迅还在致许广平信中对钱玄同的文章表示赞赏："文章的看法，也是因人不同的，我因为自己好作短文、好用反语，每遇辩论，辄不管三七二十一，就迎头一击，所以每见和我的办法不同者便以为缺点，其实畅达也自有畅达的好处，正不必故意减缩（但繁冗则自应删削）。例如玄同之文，即颇汪洋，而少含蓄，使读者览之了然，无所疑惑，故于表白意见，反为相宜，效力亦复很大，我的东西却常招误解，有时竟大出于意料之外，可见意在简练，稍一不慎，即易流于晦涩……"5

1927年2月18日，已经与《新青年》同人陈独秀、胡适、钱玄同、陶孟和、刘半农等人断绝来往的鲁迅，在标题为《无声的中国》的演讲稿中，以当事人的身份把"胡适之先生所提倡的'文学革命'"的成功，归因于钱玄同："这是怎么一回事呢？就因为当时又有钱玄同先生提倡废止汉字，用罗马字母来替代。这本也不过是一种文字革新，很平常的，但被不喜欢改革的中国人听见，就大不得了了，于是便放过了比较的平和的文学革命，而竭力来骂钱玄同。白话乘了这一个机会，居然减去了许多敌人，反而没有阻碍，能够流行了"6。

到了1934年8月10日，《文化与教育旬刊》第27期刊登记者熊梦飞的《记钱玄同先生关于语文问题谈话》，其中公开披露钱玄同在《新青年》杂志发表的废除汉字的观点，主要是"代朋友立言"，这位朋友就是鲁迅。由此可知，鲁迅夸奖钱玄同的功劳，其实也是在夸奖自己。

到了1935年8月14日，鲁迅又在《五论"文人相轻"——明术》中高调赞美了钱玄同连同他自己的"极利害，极致命的法术"："五四时代的所谓'桐城谬种'和'选学妖孽'，是指做'载飞载鸣'的文章和抱住《文选》寻字汇的人们的，而某一种人，确也是这一流，形容惬当，所以这名目的流传，也较为永久。除此之外，恐怕也没有什么还留在大家的记忆里了。到现在，和这八字可以匹敌的，或者只好推'洋场恶少'和'革命小贩'了罢。前一联出于古之'京'，后一联出于今之'海'。创作难，就是给人起一个称号或诨名也不易。假使有谁能起颠扑不破的诨名的罢，那么，他如作评论，一定也是严肃正确的批评家，倘弄创作，一定也是深刻博大的作者。"7

这里的"洋场恶少"，是鲁迅加在并没有多少劣迹恶行的施蛰存身上的"颠扑不破的诨名"，"革命小贩"是他加在公开登报宣布退党的前左翼戏剧家联盟党团书记杨邨人身上的"颠扑不破的诨名"。

鲁迅与钱玄同的化友为敌

鲁迅与钱玄同之间最早出现裂痕，应该是1924年的事情。这一年的12月15日，鲁迅在《语丝》周刊第5期发表《我来说"持中"的真相》，其中写道："风闻有我的老同学玄同其人者，往往背地里褒贬我，褒固无妨，而又有贬，则岂不可气呢？今天寻出漏洞，虽然与我无干，但也就来回敬一箭罢：报仇雪恨，《春秋》之义也。"8

1928年12月27日，鲁迅在致章廷谦信中，进一步表示了对于钱玄同等人的不满情绪："玄同之话，亦不足当真者也；凤举玄同，以为然与否，亦不足注意者也。我近来脾气甚坏，《语丝》被禁于浙而毫不气，一大群人起而攻之而亦不气，盖坏而近于道矣。"9

鲁迅与钱玄同的正式绝交，是1929年5月25日的事情。这天深夜，正在北平探望母亲鲁瑞及妻子朱安的鲁迅，在写给许广平的书信中介绍了与钱玄同、顾颉刚的不期而遇:"我今天的出门,是为侍桁寻地方的,和幼渔接洽,已有头绪,访凤举未遇。途次往孔德学校,去看旧书,遇钱玄同,恶其噜苏,给碰了一个钉子,遂逡巡避去;少顷,则顾颉刚叩门而入,见我即踌躇不前,目光如鼠,终即退出,状极可笑也。他此来是为觅饭碗而来的,志在燕大,但未必请他,因燕大颇想请我;闻又在钻营清华,倘罗家伦不走,或有希望也。"10

这段话出自《两地书》原信。1933年4月《两地书》由李小峰的北新书局以上海青光书局名义公开发行时,鲁迅以金立因的化名替代了钱玄同,以朱山根的化名替代了顾颉刚:"途次往孔德学校,去看旧书,遇金立因,胖滑有加,唠叨如故,时光可惜,默不与谈;少顷,则朱山根叩门而入,……"11

钱玄同在《我对于周豫才君之追忆与略评》中,对于当时的情景另有回忆:"从十五年秋天他上厦门直到现在,这十年之中,他与我绝无来往。十八年五月,他到北平来过一次,因幼渔的介绍,他于二十六日到孔德学校访隅卿(隅卿那时是孔德学校的校务主任),要看孔德学校收藏的旧小说。我也在隅卿那边谈天,看见他的名片还是'周树人'三字,因笑问他:'原来你还是用三个字的名片,不用两个字的。'我意谓其不用'鲁迅'也。他说:'我的名片总是三个字,没有两个字的,也没有四个字的。'他所谓四个字的,大概是指'疑古玄同'吧。我那时喜效古法,缀'号'于'名'上,朋友们往往要开玩笑,说我改姓'疑古',其实我也没有这样四个字的名片。他自从说过这句话之后,就不再与我谈话了,我当时觉得有些古怪,就走了出去。"

对于鲁迅的一面之辞,钱玄同回应说:"后来看见他的《两地书》中说到这事,将钱玄同改为金立因,说,'往孔德学校,去看旧书,遇金立因,胖滑有加,唠叨如故,时光可惜,默不与谈'(第二四四页)。我想,'胖滑有加'似乎不能算做罪名,他所讨厌的大概是唠叨如故吧。不错,我是爱'唠叨'的,从二年秋天我来到北平,至十五年秋天他离开北平,这十三年之中,我与他见面总在一百次以上,我的确很爱'唠叨',但那时他似乎并不讨厌,因为我固'唠叨',而他亦'唠叨'也。不知何以到了十八年我'唠叨如故',他就要讨厌而'默不与谈'。但这实在算不了什么事,他既要讨厌,就让他讨厌吧。"

1929年6月25日,从北平回到上海的鲁迅,在致章廷谦信中再一次谈到钱玄同:"北京学界,我是竭力不去留心他。但略略一看,便知道比我出京时散漫,所争的都是微乎其微。……玄同之类的批评,不值一顾。他是自己不动,专责别人的人。"

同年7月21日,鲁迅又在致章廷谦信中对顾颉刚进行人身攻击:"我在北京孔德学校,鼻忽推门而入,前却者屡,终于退出,似已无吃官司之意。但乃父不知何名,似应研究,倘其字之本义是一个虫,则必无其人,但借此和疑古玄同辈联络感情者也。"

1930年2月22日,鲁迅在致章廷谦信中,干脆把钱玄同与顾颉刚捆在一起加以清算:"疑古玄同,据我看来,和他的令兄一样性质,好空谈而不做实事,是一个极能取巧的人,……至于鼻公,乃是必然的事,他不在厦门兴风,便在北平作浪,天生一副小娘脾气,磨了粉也不会改的。疑古亦此类,所以较可以情投意合。疑古和半农,还在北平逢人便即宣传,说我在上海发了疯,这和林语堂大约也有些关系。我在这里,已经收到几封学生给我的慰问信了。……语丝派的人,先前确曾和黑暗战斗,但他们自己一有地位,本身又是便变成黑暗了,一声不响,专用小玩意,来抖抖的把守饭碗。……贱胎们一定有贱脾气,不打是不满足的。今年我在《萌芽》上发表了一篇《我和〈语丝〉的始终》,便是赠与他们的还留情面的一棍,此外,大约有几个人还须特别打几棍,才好。"[12]

在《我和〈语丝〉的始终》一文中,被鲁迅斥为"贱胎们"而要"特别打几棍"的语丝派,涉及钱玄同、顾颉刚、刘半农、江绍原、孙伏园、李小峰等人,却单单放过了自己的弟弟、担任《语丝》周刊主编的周作人。就钱玄同来说,鲁迅所不能容忍的,主要是语丝社开始赢利之后,被尊为"老板"的李小峰每月需要请一回客,"从此市场中的茶居或饭铺的或一房门外,有时便会看见挂着一块上写'语丝社'的木牌。倘一驻足,也许就可以听到疑古玄同先生的又快又响的谈吐。"

由此可知,鲁迅在《我来说"持中"的真相》所说的"风闻",大多是来自钱玄同"又快又响的谈吐",也就是所谓的"胖滑有加,唠叨如故"。由于与弟弟周作人关系决裂,同为语丝派成员的鲁迅,是从来不参加这种聚会的。

1930年3月21日,鲁迅在致章廷谦信中又谈到语丝派同人刘半农的就任北平大学女子文理学院院长,以及钱玄同的就任北京师范大学国文系主任:"半农玄同之拜帅,不知尚有几何时?有枪的也和有笔的一样,你打我,我打你,交通大约又是阻碍了。"

鲁迅的弟弟周作人,却在同年3月31日致江绍原信中,立场鲜明地站在了钱玄同、刘半农一边:"《萌芽》未见,但曾闻人说过。鲁迅精神异常,我久与之绝,其所说似无计较之必要,又知寄信去给该月刊则更不值得矣。鲁曾说北大学生叫他来教书,钱玄刘半因怕夺他们的饭碗,故造谣说他发疯云云,即此一端可以见其思路之纷乱了。"[13]

钱玄同的"悠然过四十"

自1929年5月25日正式决裂之后,鲁迅与钱玄同虽然没有发生过正面冲突,两个人之间或公开或私秘的言论攻讦,却是持续不断的。

早在1925年4月13日出版的《语丝》周刊第22期中,刊登有周作人编译自日本古僧吉田兼好的《〈徒然草〉抄》,其中有这样一段话:"观夫受命于天之生物,其生命未有长于人者。若蜉蝣之朝生而夕死者有之,若夏蝉之不知春秋者有之。以舒缓之心度日,则一年亦觉悠悠无尽;以贪着之心度日,纵千年之久,更何异一夜之梦!于不得常住之世,而待老丑之必至,果何为哉!寿则多辱。至迟四十以前合当瞑目,此诚佳事也。"

同年10月2日,孙伏园在自己主编的《京报》副刊第287号发表《呈疑古玄同先生》一文,其中写道:"疑古玄同先生在《新青年》上著论,以为凡四十岁以上的人都可以枪毙的了,那时胡适之先生同他订约,说:'到你四十岁生日,我将赠你一首新诗,题曰手枪。'……疑古先生所致力的学问是再专门不过的,与人生日用可以说是绝少关系,但在这学问中也要表示他那极端的思想。……他时时刻刻防备旧势力的发展,时时刻刻担心新势力之薄弱,所以他的目标几乎完全是对付旧势力的,最先的一步功夫就是把旧训成俗所早经安排妥当了的东西压根儿捣乱,这就完成了沈先生送他的标语:'端午吃月饼,中秋吃粽子。'"

但是,遍查当年的《新青年》杂志,笔者并没有找到钱玄同"以为凡四十岁以上的人都可以枪毙"的原始出处,倒是在周作人以岂明的署名发表于 1930 年 3 月 18 日天津《益世报·副刊》的《中年》里面,看到了这样的议论:

"孔子曰,'四十而不惑。'吾友某君则云,人到了四十岁便可以枪毙。两样相反的话,实在原是盾的两面。合而言之,若曰,四十可以不惑,但也可以不不惑,那么,那时就是枪毙了也不足惜云尔。……譬如普通男女私情我们可以不管,但如见一个社会栋梁高谈女权或社会改革,却照例纳妾等等,那有如无产首领浸在高贵的温泉里命令大众冲锋,未免可笑,觉得这动物有点变质了。我想文明社会上道德的管束应该很宽,但应该要求诚实,言行不一致是一种大欺诈,大家应该留心不要上当。我想,我们与其伪善还不如真恶,真恶还是要负责任,冒危险。"

这里的"吾友某君"指的就是钱玄同。由此可知钱玄同与周作人一样非常认同吉田兼好的观点,并且在朋友交往中采用了一种更加通俗的表达方式:"人到了四十岁便可以枪毙。"周作人所谓"如见一个社会栋梁高谈女权或社会改革,却照例纳妾等等,那有如无产首领浸在高贵的温泉里命令大众冲锋",指的是不久前在上海展开文艺论战的鲁迅与成仿吾。这次论战的结果,是在中共地下党组织的安排下,奉鲁迅为左联即中国左翼作家联盟的盟主,同时派遣成仿吾到国外游学。所谓"纳妾",指的是鲁迅没有与原配妻子朱安正式离婚便与许广平过上了同居生活。

对于鲁迅的左转,钱玄同与周作人都是持反对态度的。1930 年 8 月 19 日,钱玄同在致周作人信中,就是用"左翼公"和"左公"来称呼鲁迅的。[14]

1932 年 11 月 7 日,钱玄同在日记中写道:"购得鲁迅之《三闲集》与《二心集》,躺床阅之,实在感到他的无聊、无赖、无耻。"

鲁迅的《准风月谈》出版后,钱玄同又在日记中留下这样的记录:"购得新出版之鲁迅《准风月谈》,总是那一套,冷酷尖酸之拌嘴,骂街,有何意思。"[15]

1933 年 4 月 17 日,四十八岁的周作人为《周作人书信》的出版,在写给李小峰的"序信"中,再一次借用吉田兼好的话语攻击鲁迅及《两地书》说:"没有办法,这原不是情书,不会有什么好看的。这又不是宣言书,别无什么新鲜话可讲。反正只是几封给朋友的信,现在不过附在这集里再给未知的朋友们看看罢了。……兼好法师尝说人们活过了四十岁,便将忘记自己的老丑,想在人群中胡混,私欲益深,人情物理都不复了解。行年五十,不免为兼好所诃,只是深愿尚不忘记老丑,并不以老丑卖钱耳。"

鲁迅一方采取的反击策略,基本上是避周作人之重而就钱玄同之轻。在1932年12月29日的日记中,鲁迅写道:"昙。上午寄绍兴朱宅泉八十。午后为梦禅及白频写《教授杂咏》各一首,其一云:'作法不自毙,悠然过四十。何妨赌肥头,抵当辩证法。'其二云:'可怜织女星,化为马郎妇。乌鹊疑不来,迢迢牛奶路。'……"

所谓"寄绍兴朱宅泉八十",就是给原配妻子朱安的绍兴娘家寄去八十元钱,由此可知,已经与许广平在上海同居的鲁迅,依然承认朱安和她的娘家亲戚。人民文学出版社1981年出版的《鲁迅全集》,把这两首诗收入《集外集拾遗》并分别加写注解,说是前一首诗"系影射钱玄同的,钱玄同早年曾戏说:'四十岁以上的人都应该枪毙。'又据说他在北京大学曾说过'头可断,辩证法不可开课'的话"。

1933年11月3日,十八年前曾经向钱玄同索要过书法作品的鲁迅,在致郑振铎信中彻底否定了对方的书法成就:"序已寄出,想当先此而到,签条托兼士写,甚好。还有第一页(即名'引首'的?)也得觅人写,请先生酌定,但我只不赞成钱玄同,因其议论虽多而高,字却俗媚入骨也。"

与鲁迅合作编选《北平笺谱》的郑振铎,收信之后大概是传播了这封书信中的意思,于是便引出台静农的来信询问。12月27日,鲁迅在致台静农信中解释说:"《北平笺谱》竟能卖尽,殊出意外,……印书小事,而郑君乃作如此风度,似少函养,……写序之事,传说与事实略有不符,郑君来函问托天行或容某(忘其名,能作简字),以谁为宜,我即答以不如托天行,因是相识之故。至于不得托金公执笔,亦诚有其事,但系指书签,盖此公夸而懒,又高自位置,托以小事,能托延至一年半载不报,而其字实俗媚入骨,无足观,犯不着向悭吝人乞烂铅钱也。关于国家博士,我似未曾提起,因我未能料及此公亦能为人作书,惟平日颇嗤其摆架子,或郑君后来亦有所闻,因不复道耳。"

这里的"天行"指的是魏建功,"容某"即容庚,"国家博士"指刘半农。

1934年1月15日是周作人旧历五十大寿的日子,他不仅在八道湾家中设寿宴五席招待亲朋好友,而且专门写作了两首打油诗,先以《五十诞辰自咏稿》为题发表在当年2月的《现代》杂志4卷4期;然后又以《五秩自寿诗》为题刊登在林语堂主编的《人间世》创刊号中。诗稿发表后,沈尹默、刘半农、林语堂、蔡元培、沈兼士、钱玄同、胡适等人纷纷唱和,从而引起左翼文化界的鲁迅、胡风、廖沫沙等人的严重关注和强烈不满。

同年4月30日,鲁迅在致曹聚仁信中表态说:"周作人自寿诗,诚有讽世之意,然此种微辞,已为今之青年所不憭,群公相和,则多近于肉麻,于是火上添油,遂成众矢之的,而不作此等攻击文字,此外近日亦无可言。此亦'古已有之',文人美女,必负亡国之责,近似亦有人觉国之将亡,已在卸责于清流或舆论矣。"

5月10日,鲁迅又在致台静农信中批评说:"北平诸公,真令人齿冷,或则媚上,或则取容,回忆五四时,殊有隔世之感。《人间世》我真不解何苦为此,大约未必能久,倘有被麻醉者,亦不足惜也。"

到了1935年5月20日,重病缠身的鲁迅采用"敖者"的署名,在《太白》半月刊2卷5期发表短文《死所》,其中再一次提到钱玄同:"今年,北平的马廉教授正在教书,骤然中风,在教室里逝去了,疑古玄同教授便从此不上课,怕步马廉教授的后尘。但死在教室里的教授,其实比死在家里的着实少。'你还不怕,仍旧坐在家里吗?'"

"敖者"就是《铸剑》中以同归于尽的极端方式替少年眉间尺包办复仇的"黑色的人"宴之敖者,鲁迅在这篇文章中针对老朋友、老同学钱玄同所要表现的,正是《我来说"持中"的真相》中已经声明过的"报仇雪恨,《春秋》之义也"。

相比之下,胡适与钱玄同之间围绕着同一个话题,却留下了善意互动的一段佳话。

1926年9月12日是钱玄同的四十大寿,由于"三一八"惨案的爆发,北京政学两界的著名人士纷纷南下,钱玄同自然没有心情拿自己的四十大寿大做文章,远在国外的胡适也没有闲暇写作他的《手枪》诗。到了第二年,钱玄同在周作人、孙伏园等人的鼓动下,要在《语丝》周刊举办"成仁周年纪念"。1927年8月11日,胡适从上海给钱玄同写信,信中录入了"援笔陈词"的一首《亡友钱玄同先生成仁周年纪念歌》:

"该死的钱玄同,怎会至今未死!/一生专杀古人,去年轮着自己。/可惜刀子不快,又嫌投水可耻。/这样那样迟疑,过了九月十二。/可惜我不在场,不曾来监斩你。/今年忽然来信,要作"成仁纪念"。/这个倒也不难,请先读《封神传》。/回家先挖一坑,好好睡在里面,/用草盖在身上,脚前点灯一盏,/草上再撒把米,瞒得阎王鬼判,/瞒得四方学者,哀悼成仁大典。/今年九月十二,到处念经拜忏,/度你早早升天,免在地狱捣乱。"[16]

1930 年 12 月 4 日,被免除教育部长职务的蒋梦麟,在蔡元培、胡适、傅斯年、丁文江等人的强力支持下调任北大校长。胡适随后也返回北平就任北大文学院院长,再一次与钱玄同、周作人、刘半农等《新青年》同人成为北大同事。晚年钱玄同与胡适之间最为重要的合作,是 1933 年 12 月执笔书写由胡适为大青山抗日阵亡将士公墓撰稿的白话碑文《中华民国华北军第七军团第五十九军抗日战死将士墓碑》,这是中国近现代历史上第一块采用新式标点符号分段刻写的白话碑文,其中写道:"这里长眠的是二百零三个中国好男子!他们把他们的生命献给了他们的祖国!我们和我们的子孙来这里凭吊敬礼的!要想想我们应该用什么报答他们的血!"

鲁迅去世后,钱玄同在《我对于周豫才君之追忆与略评》一文中表现出的是相对全面也相对公正的态度。他认为,鲁迅的长处主要表现在三个方面:

其一,他治学最为谨严,无论校勘古书或翻译外籍,都以求真为职志,他辑《会稽郡故书杂集》与《古小说钩沉》,他校订《嵇康集》与《唐宋传奇集》,他著《中国小说史略》,他翻译外国小说,都同样的认真。这种精神,极可钦佩,青年们是应该效法他的。

其二,豫才治学,只是他自己的兴趣,绝无好名之心,所以总不大肯用自己的名字发表,如《会稽郡故书杂集》,实在是豫才辑的,序也是他做的,但是他不写"周树人"而写"周作人",即是一例;因为如此,所以他所辑校著译的书,都很精善,从无粗制滥造。这种"暗修"的精神,也是青年们所应该效法的。

其三,他读史与观世,有极犀利的眼光,能抉发中国社会的痼疾,如《狂人日记》、《阿Q正传》、《药》等小说及《新青年》中他的《随感录》所描写所论述的皆是。这种文章,如良医开脉案,作对症发药之根据,于改革社会是有极大的用处的。

关于鲁迅的短处，钱玄同也概括了三个方面：

其一是多疑。"他往往听了别人几句不经意的话，以为是有恶意的，甚而至于以为是要陷害他的，于是动了不必动的感情。"

其二是轻信。"他又往往听了别人几句不诚意的好听话，遂认为同志，后来发觉对方的欺诈，于是由决裂而止大骂。"

其三是迁怒。"譬如说，他本善甲而恶乙，但因甲与乙善，遂迁怒于甲而并恶之。"

在这三个方面的短处中，至少"多疑"与"迁怒"是可以用来解释鲁迅与钱玄同化友为敌的主要原因的。

注　释

1 文载《文化与教育旬刊》1936年第106期，收入《钱玄同文集》第2册第305至311页，中国人民大学出版社，1999年。

2 《钱玄同文集》第6册第1页。

3 《周作人日记》影印本（上册），大象出版社，1996年，第686页。

4 《鲁迅全集》，人民文学出版社，1981年，第14卷第282页。

5 《两地书·一二》，《鲁迅全集》第11卷第47页。

6 《鲁迅全集》4卷13页。

7 《鲁迅全集》第6卷第384页。

8 《鲁迅全集》第7卷第56页。

9 《鲁迅全集》第11卷第644页。

10 《两地书》原信（一四零），《两地书全编》，浙江文艺出版社，1998年，第626页。

11 《鲁迅全集》第11卷第301页。

12 以上三封致章廷谦即川岛信，分别见《鲁迅全集》第11卷第672、678页，和《鲁迅全集》第12卷第4页。以下鲁迅文章及书信，凡见于《鲁迅全集》将不再加注。

13 《周作人早年佚简笺注》，四川文艺出版社，1992年，第201页。

14 这封信的全部一直没有公开发表，据李可亭介绍，该信原件藏北京鲁迅博物馆。见李可亭著《钱玄同传》，河南大学出版社，2002年，第197页。

15 《钱玄同日记》影印本，福建教育出版社，2002年，第8卷第4554页、第9卷第5404页。

16 录自胡适1927年8月11日致钱玄同信，耿云志、欧阳哲生编《胡适书信集》（上），北京大学出版社，1996年，396页。

记忆

我与我的父母

——童年记忆

赵 纲

　　父亲走了一个年头，在这三百多个日日夜夜中，无一日不想起他。供桌上父母的遗像摆在那里，他们笑吟吟地注视着我，仿佛从未离我远去。花甲之年才失去了双亲的佑护，这不能不算是一种福气，如今一事无成的我，只能独守孤灯，把我印象中的父母记录下来，于是只有扫盲班学历的我，蹒跚起步，加入到这忆昔怀旧的行列……

　　我是父母的第三个孩子，有着一个幸福的童年。襁褓中被父母抱着离开了抗战八年的大后方、我的出生地——陕西蔡家坡，父亲应聘河南大学历史系副教授之职；所以说我的出生标志着父母进入大学执教生涯的开始。一生未取得一个学历的我，从此就一直生活、成长在大学校园中。以一个旁观者的视角，目睹了50年代、60年代以及80年代各个时期知识分子的风貌，虽从无资格融入其中，但对这个群体颇不陌生。

　　父母抱着我在几所大学间颠沛流离，从河南大学开始，后来到济南，再从济南进北京，又从北京到长春——几年间竟辗转了不少学校。最后定居在青岛市的山东大学校园中，相对稳定地住了七个年头。我的记忆也只能从山大校园中开始。有时会想，自己一生几种职业的转换、性格中某些不安分及好动的因素、多舛的命运，是不是就是在这些颠簸中形成的呢？虽无从考证，但冥冥中总觉得有其一定的缘由，人有时就是无法摆脱命运的安排。

　　解放初期的山东大学校园，以"名流云集，人才荟萃"来形容真不过分。山大以文科见长的文史系有着被其校史至今津津乐道的：中文系的"四大金刚"、历史系的"八马同槽",形成了能与老字号的北大文科抗衡的局面。其它系重量级人物也比比皆是:生物系的童第周、物理系的束星北、地矿系的何作霖、古生物学家周明镇、外语系的方未艾……皆是抬头不见低头见的伯伯们。父亲在这个群体中是很抢眼的一个人物,年龄最小,也不过三十出头。那时没觉得这伙人有什么了不起,孩子们都是前后同学,好成一堆、打成一团的事时有发生。那时家家孩子多,父母们都忙于著书立说、上课、办杂志,没有过多的精力管理孩子。一般都是大孩子领着小孩子结伴上学、做作业、出去玩。山大幽静、美丽的校园也让我们这群孩子们玩了个遍,折腾了个够。至今记得:童第周的儿子来给我送作业,隔八丈远就大喊大叫,当时我正在出麻疹,家人让他就近说话,吓得他:"我还没出过麻疹,要传染的!"我们在鱼山路一号和方未艾家的女儿在后园刨坑、烧柴野炊,方伯伯攥着一块泥巴,三下五除二,一个栩栩如生的老头就递到了我们的眼前,和周明镇的儿子潜入地理系的标本库去偷矿石、钻铁丝网去摘生物系的水蜜桃、举个长竹竿在樱树林中粘知了。至于爬山下海那可是家常便饭,记得和周家兄弟在海滩上玩埋死人的游戏,这是个互换的项目,我长的又胖又大,周家老二一边往我身上糊湿沙,一边觉得吃了亏,很不情愿地冲他母亲抱怨:"她咋这胖啊!"二十岁后重逢,他对我的"苗条"表示了惊讶——从童年"肥妮"到后来的"苗条",也标志见证了父亲从收入颇丰的大教授跌入捉襟见肘的阶下囚的过程。

青岛是避暑胜地。一入夏,京中的高官、名流就蜂拥而来。我在父亲的书斋,得以一见儒雅的顾颉刚、中规中矩的王崇武和伶牙俐齿的王瑶……这些同仁都是每入夏必来疗养的座上客。惠孝同、张伯驹、启功也都在父亲的宣册上留下了墨宝,当年这些不过是文人墨客间交往的雕虫小技,不成想如今居然成了让人鉴赏的"珍贵文物"。父亲在读了章诒和有关史良的回忆文章后,也有一段记忆:那年他们到了青岛,山大某教授宴请史良夫君小陆,父亲做陪,席间这伙无行文人揶揄小陆是史良的跟包小男人,小陆颇能自嘲地不断点头哈腰,嘴中念叨着:"侍候部长,侍候部长……"

北京的来客无不羡慕父亲当年的住宅——蓬莱路一号,这是一幢集德、日风格建成的别墅庭院。我们一家独占楼上,楼下是下身瘫痪、坐着轮椅的杨副校长。

客人们讲,在北京部长级首长都享受不到这样的条件。不是我们一家,而是当年那一批教授差不多都是这样的状况,这就是青岛这座殖民主义城市所具有的独特风格,也正是这样的条件留住了这些煌煌大家。当一纸文下,综合大学必须迁往省会,济南的状况让这些教授觉得这个地方不值得留守,凭他们的名气,或北上进京,或南下上海,加之缺失了像华岗这样有气魄、有凝聚力的高水平领导,山大的名师多半星散。我们到兰州后,很多师生旧友无限怀念青岛山大校园,每逢寒暑假都要去重游故园,当时只留下一个系创办海洋学院,用不了那么大的地方,偌大一个校园荒芜了,友人信笺中颇有:"荒草凄凄、树木凋零、房舍衰败……"的伤感、凄凉之词,也让开始走下坡路的父亲平添了无限的惆怅……

对子女们的文化教育,父母也完全是自由开放式的,全凭我们由着性子的胡翻乱读,从未给我们设过"禁区"。现在看来,也确实没有哪个子女因读了"淫书"而堕落了的,所以完全不必大惊小怪地立那么多规矩、设那么多障碍,要相信下一代不是"阿斗",能明辨是非。我们从童年就把四大名著、三言两拍甚至《金瓶梅》都翻完了,当然十八世纪的俄罗斯文学、英法名著也让我们翻了个遍。只能说是囫囵吞枣地翻完了,简单地了解了著作梗概、人物、情节,了却了童稚的好奇心,做了一次"知道了"不求甚解的普及阅读,增添了一些在小伙伴中吹牛的资本而已。详解、深读还是以后的事,就是到了今天,也不敢讲把这些传世之作读懂、读透,这些大浪淘沙留存下来的巨著,至今是我们常读常新、百读不厌的最佳读物。

由于长成一个"肥仔",也就比较懒,学习上就不肯下死力气,有时读着、写着就"呼"过去了,于是保姆把我拖到床上,往往就完不成规定的作业。我的嗜睡在母亲的口中是超凡脱俗的,能不吃不喝连睡三天三夜,吓得母亲去请大夫。每逢伤风感冒小病小灾,"知女莫若母"的老娘总是招呼我:"用不着吃药,捂着被子睡一觉就好了。"果真见效,暮年落下失眠症的我,经常会想,这辈子的觉是不是都在小时候睡完了,今日才得这难眠之症呢?

那时的学校也比较宽松,没见哪个老师动不动就"请家长",孩子读不好书固然有"父之过",但主要应是"师之惰"。老师不尽其责、大训家长的咄咄怪事也只能归入当下新时代的一大特色,我有幸生长在一个有一定约束、但绝对轻松自如的年代，度过了我无忧无虑的童年。

父亲是我的活字典。因胖而导致的懒，使我不愿为学习多费力，每逢生僻字词，只消递到父亲的眼皮之下："爸，这个字咋念？"于是我会听一堂比字典上要生动、全面得多得多的说文解字课。父亲一边写、一边讲：这个字的由头、结构，从甲骨文、篆、楷、隶、草是怎么形成、如何演变，它有几个含意、几种读音，如何使用，它和哪些字组词、不能和什么字混淆，间或讲一段历史趣闻和成语典故，也说一段因读错、写别字而引出的笑话。讲得浅显易懂、十分生动，又恰如我这个年龄段能够理解，勾起我对识字的兴趣，让我不断孜孜以求，同时也做了一次父女间的交流，两代通过解读共同愉悦地消遣了一会儿。我从童年就领悟到父亲教育人的才分，会引导、会启发，听父亲讲课我从无昏昏入睡，反而让我无比的兴奋、十分的投入，这是在我有限的求知岁月中遇到的最棒的一位老师！后来上小学的儿子对我连小学生字典都不会用颇为吃惊，附在他父亲耳旁问："我妈咋连小学文化程度都没有呢？"招致爱面子的夫君把儿子呵斥了一顿，也不免背地里嘲笑我几句，可当年胖且懒的我，有这么会讲故事的爹，用得着我自个儿去查工具书么？父亲就是我的活字典！

父亲很会感染人，所以他的嗜好不管好的坏的也都遗传给了儿女、感染给了朋友。他喝茶的习惯感染给了同学王瑶，可王瑶抽烟的特长父亲一辈子没有沾染。估计是吸鸦片的祖父给父亲留下了刻骨铭心的记忆，他对抽烟始终是深恶痛绝的。

可是喝茶、喝好茶是全家的高档消费，除我以外（我不具备喝高级茶的经济实力，不敢沾染，这也是我终不成材的另一条理由）人人嗜茶，断茶比断粮还难过，父亲喝茶的浓度用甘肃省文联主席、画家陈伯希的说法："可以药死一只耗子。"浪费也是惊人的，动不动就"淡了，再沏一壶"。在山大经常可以看到校园里的小孩跟在父亲后面起哄，拍着巴掌，学着父亲的腔调："青岛，青岛，谁家的茶叶最好……"父亲嗜茶之有名，由此也可见一斑。到后面的艰难岁月，断了这一口，靠茶叶末度日的老爹，其沦落、可怜也就可想而知了。

听戏，这是全家每个人都爱的项目。我这个年龄段，居然自幼就领略过四大须生、四大名旦的演出。自然也是不求甚解，经常会在锣鼓喧天的戏院中沉沉睡去，被父亲或大姐背将回来，枉糟蹋了价格不菲的戏票。我们姐妹三人也会披上床单，在大床上为父母模仿一段《断桥》，幼稚而低劣，可父母却从不打消孩子们萌发出的任何一个小小的奇想和求知欲望，总是予以鼓励和称赞。

我们对戏剧有着浓厚兴趣的第二个渠道来自山大校园。那时学生们组成的话剧团棒极了，足以和青岛市的职业剧团抗衡，他们也模仿解放区的模式，为山大教职工子女创办了免费的"红庄小学"，把他们的稿费、演出费都无私地投入其中。他们既是我们的老师，又是父辈们的学生，他们排戏我们去观摩、捧场、当小走狗、充小演员。考试一毕，我在书房门口望风，二姐扶凳子，大姐登高上坡，偷看分数单，然后通风报信："某老师，你八十，某老师最高分九十五分，某老师你没及格……"我对鲁迅、曹禺、老舍、田汉的认识也多是通过戏剧了解、普及了的，《阿Q正传》、《雷雨》、《桃花扇》、《西望长安》……剧团里的人顾不过来，也会将剧本递给我们，让我们在布景后为演员"提词"。记得有一次我念得很投入，一位抹着油彩的大哥哥抚摸着我的头："小妹妹，你长大一定能成为一个出色的性格演员。"在这样一种氛围中，煅造出一批精彩的学人，李希凡、蓝翎、庞朴、邹逸麟、孙作民、孙达人、袁世硕、乔幼梅应运而出……当年的话剧团团长鲍风，被打成"右派"送进了劳改队，父亲还一直牵挂着这位学生，四处打听他的下落，敢情人家人尽其材，当了劳改队的话剧团团长，还不出来了呢！他扮演的周朴园、赵四老爷至今留在我们的脑海中，无论看了多少名牌大腕的演出，姐妹们的观点，"都不及鲍风出味儿"，可见当年我们对戏剧投入了多大精力和情感。

父亲也捧角。他经常应邀去京剧团、话剧团当历史顾问，像诸如《桃花扇》一类的大型话剧，海报上粗体大字标明"历史顾问：赵俪生"，但父亲骨子中对演员这个行当是轻蔑的，观点是封建传统的。他曾表示过，他有五个女儿，都不得干唱戏这一行，不准嫁演艺界人士，不过这不妨碍他的"捧角"活动。每当一个名角到青，《青岛日报》都会留下版面，等父亲过完戏瘾，连夜提笔著文，无非是什么"梅剧团到青"之类的报道，记者就候在家中，父亲属于快手，一挥而就。久而久之，这些名角很知道答谢当地这班文人，一到青岛头三天的打炮戏、下场门的佳票就自动送上门来，父亲也领我们到后台去见识过张君秋的化妆，为此父亲还和许姬传等助手有着不错的交情。1957年我们到兰州不久，梅剧团也第一次到兰州来了。兰大党委书记刘海声派手下背着行李卷连夜去排队才买到了十五、六排以后的戏票。父亲看看他的票，冲刘书记说："我请诸位看戏。"遂写了个便条，叫我大姐跑了一趟，果然此后几天的好票就都到手了。最后是1964年，西北五省现代剧汇演在兰州拉开帷幕，宁夏京剧团（前北京京剧四团）带《杜鹃山》参加观摩演出，专程打电话到兰大历史系，请父亲去观摩、指导，系秘书在电话中恶狠狠说了声："划了右派了！"就把电话扣上了，父亲从此与剧团无缘。

父亲的另一个嗜好就是买字画，五十年代的文人收入颇丰，当年山大教授圈子流行着"听戏、玩字画、下馆子"的业外活动，父亲未能免俗，也混迹其中，而且他骨子中世家子弟的那种作风也难根除，母亲耿耿于怀的一件事让她唠叨了一辈子，也可以看出父亲买起"玩意儿"来不顾一切的执着。

父亲在五十年代是相当勤奋的，一夜夜的通宵达旦地写文章，所以收入也是非常可观的。后来他根据日记估算了一下1957年以前的月收入，都在八百元以上，这个数字在当年养活几十口人是不成问题的。而我们家却从未进过银行。连活期存折都没见过，有时把客人请下了，家中却没有钱，还得临时从保姆手中借个几十元打发过去。有一次父亲进了一笔稿费，多达两千元，这在当年称得上是笔"巨款"。于是母亲也学着其它教授太太，进了一次银行，还存了个定期，这下可就不得安生日子过了。老爹为这笔钱让妈妈三天三夜不得消停，闹腾着非要这笔钱不可。妈妈拗不过，只好到系上开了证明，编了个急用钱的谎话，将两千元提出扔给父亲。父亲一转身就走了，没两个时辰，坐着洋车回来了，脚下两三个瓶瓶罐罐，腋下夹着几轴字画，家中从此太平。我家的存钱史就此告终。一直到八十年代，我家才有了进银行的经历，父亲虽然有些忌恨我那败了家的祖父，可从他的这些行为依然能窥视到祖父的影子，赵氏家族那种有一个花仨的纨绔子弟的作风，在父亲身上还是顽强的有所残存。

父亲收藏字画的副产品是：成就了自己，陶冶了子女。在这个圈子中混了一阵，看得多了，他也附庸风雅提笔上阵。父亲没有临碑、临帖的基本功，但他自幼就见识过文人墨客挥毫书画的场景，加之父亲自幼美术字、钢笔字都写的挺棒，绘出的地图和印刷品一般，这点平时练就的能力触类旁通，出笔就不低，让许多行内人刮目相看。当时学界对他的评价有几漂亮说，即"人漂亮，字漂亮，课讲得漂亮，文章写得漂亮"。使他在五十年代显得确有几分风流倜傥，不过这也为日后埋下了祸根。他的字、画均属于文人画的范畴。记得甘肃省书法大展，师大美术系的教授专门领学生到父亲的条幅前讲什么是"文人字"，就有过这样的评语："严格地讲，赵俪生没有临碑、临贴的基本功，不能算是一个书法家，但他的字挂在这儿毫不逊色，内中体现着一种综合文化修养，这又是单纯练字而无文化的所谓书法家无法企及的。所以说赵俪生的书法堪称上乘的文人字。"父亲的画娟秀雅致，有浓重的书卷气，但不大气，儿女们评论时往往还会对他的画出言不逊地嘲讽一阵。

由于父亲广泛的爱好，子女们在其身边受惠多多。父亲除了订了大量的专业杂志，也为子女们订了《旅行家》、《美术》、《戏剧报》、《人民画报》、《连环画报》、《小朋友》之类的读物，从小培养了孩子对地理、历史、文学、美术、戏剧的极大兴趣，起码前四个子女都能信手画几笔，早逝的二姐当年已画到了相当的水平，我们都是学校美术小组的骨干成员，一到画壁画、出壁报、写黑板，老师就把我们派上了用场。后来家道中落，衣食不周，无钱买书，父亲为培养后三个小子女的兴趣，把历年攒下的美术杂志、画报上的美术作品裁剪下来，分门别类的贴成画册，供家人闲时欣赏把玩。我们虽从无系统地学过美术史，但对古典派、印象派都有所了解，达·芬奇、伦勃朗、莫奈、雷诺阿……等大家颇为熟知，基本一看画风就能判断出作者。当然中国的传统美术我家的一手资料也不少，各路流派、各种画风大家都很清楚，只要手边有纸笔，就会临上几幅、抹上两笔。这些信手涂鸦，父亲都是一边鼓励，为我们提供必要的资料和工具，一边在一旁指指点点，品评优劣。只要外面有画展，就要带我们去参观、学习，子女们传统的文艺知识毫不夸张地讲，都是老爹在平常生活中为我们日积月累打下的。

父亲这种花钱方式，使得我们家的子女除了在吃和文化教育上绝对没有亏，但在其它方面却相当的简朴。因我家舍得吃，母亲还被其它教授太太们指点过，她们劝母亲要学会当家过日子，多少得存几个，以备后患。其实母亲也有自个儿的"小账"，她会告诉劝她的人："吃上可省不得，我家孩子从来都不吃药、不害病，在这上头我家可是省大了"。

当年山大校园边沿的小山坡上,有一个叫"劳动村"的平房院,简陋而拥挤,这里是学校工友们的栖居地。他们的子弟也是我们的同学,教授们的孩子一般是不来这个地方玩的,不知为什么,我却喜欢频频光临此处,如今想来,缘由不外一是馋,二是疯。我好奇他们那个烧柴草的大灶,那么大的铁锅,一掀锅盖,蒸气弥漫全室,锅里是一堆地瓜,周边贴一圈玉米面饼。另一火上架一个比水桶小不了许多的铝锅,熬一大锅疙瘩汤,用铁勺倒一点油,炝一把葱花,伸到锅中,噗哧哧的响声拌着浓郁的葱花香气,真让人垂涎欲滴。人们一人捧一个大海碗,或蹲或坐,吸溜溜地大口喝、大嘴嚼,桌上一盘自制的咸菜或凉拌的野蔬,滴几滴麻油就香气扑鼻,这可是与我家每人端坐桌前一人一份荤素搭配合理的分餐、再三教导"食不言、寝不语"的气氛相去甚远。我喜欢劳动村的这种氛围,经常"偷"了家中雪花粉的大白馍来此换煎饼、地瓜、玉米饼子吃,他们也很欢迎我,看着我吃得香得不得了的馋相,鼓励我猛撑,直到把我填个肚圆心饱方可罢休。

我跟着这伙子弟另一个玩法,就与"生计"有关了。他们教会了我许多生存本领,我跟他们拖着麻袋、拿个大竹笆去草地上搂草,到山坡松树林去拣枯技、拾松果,学着在山坡上辨认能够食用的野菜。槐花开了,在大竹竿上安一个铁丝钩去拧槐花,爬上榆树去捋榆钱,这些东西让他们大人在水中一淘,拌些干面上笼一蒸,用今天的话讲,标准的绿色食品。我还尾随他们到锅炉房去拣煤核,到木工房去揽刨花、拣木头,到医务室去拾废药瓶,围着学生楼去拣几个牙膏皮、空罐头盒……总之,这些东西在他们眼中都是有用的,他们的学习工具都是靠卖这些破烂一分、两分攒出来的。他们非但没有显出自卑和低下,反而十分豁达和快乐。我在他们眼中是"傻嫚"、"笨妞"一个,他们经常也取笑、愚弄我,而我天生的好脾气,只要他们肯带着我去品尝另一种生活怎样都行,于是我的顽皮和脏就令家人十分头疼,往往一进门就招来:"看你这副脏样,又疯到哪里去了?"当然为此还真没少挨过打。

我十分怀念当年劳动村的那伙连名姓都未记下的小伙伴,他们教会了我许多的生存技能,特别在日后的三年自然灾害、下放农场的劳动中,我都没有感到特别的困苦或无望,是他们从小教给了我如何过穷日子和面对贫困所持有的那种乐观精神,我至今感念着他们。

家中孩子多，难免争斗就多。父母基本是宽松、随意式的管教，加之父亲那种脾性的遗传，我家孩子个个伶牙俐齿、能争好斗，吵起架来，谁都不含糊。吵到最后，诉诸武力的事情时有发生。而父亲也缺乏耐心，孩子们一旦闹起来，他也会一打一片的上来镇压。前三个女儿挨打的频率比后三个能高出几倍。父亲那种没头没脸、搂住哪揍哪的场景也确实有几分吓人，绝对达到了西方社会追究法律责任的程度。疯狂起来，妈妈和保姆两个人去拉都拉不住，我就有被打得奄奄一息的记忆。

妈妈从来不打我们，可"挨打"的账我却记到了母亲头上，因为多半挨打是妈妈告的状。她不断埋怨父亲："这老三也太费了，你管不管？"说得多了，老爹就揪住我揍一顿。有时父亲不在，母亲会支使另一个打手——大姐赵绛："给我揍这个不学好的东西！"于是奉母命的大姐自然就上来对我拳脚相加。所以我从小和母亲的关系很是紧张，甚至怀疑过我不是她亲生的子女，至于改善关系是我出嫁以后——那位上海籍的女婿和丈母娘甚是投缘。为此妈妈还落下"偏心眼"的罪名；加之我们的儿子自小由妈妈一手带大，溺爱的有点过分，这一个孩子可真真是让我父母活生生地惯坏了，于是"爱屋及乌"，我们母女之间改善了关系，特别是父母在垂暮之年，依赖这个"不成材"的女儿，反而比成了材的子女多些，于是越走越近，发展到最后，母女间的感情反而有些超越了被公认"惯老三"的老爹之情了呢！

小时的淘气、不管不顾的行为有时确有几分出格，大姐至今耿耿于怀的一件事也可以看到我小时是多么的不省心：我在校园当年美国兵留下的铁皮房中看大学生们排戏，偌大的铁皮房是堆体育器械的，看着看着顺跳箱滑到垫子上沉沉睡去，大学生们排完戏，没发现还有个孩子睡在那里，熄了灯就走了。这下我们家可乱了套，半夜三更打着大姐满校园地找，如今想想也真难为了这刚小学毕业的大姐，在黑黢黢的校园中找到体育房中熟睡的我也绝非易事，幸亏天天带妹妹的大姐多少知道我的习性，加之从校门卫那里打听到体育房曾排过戏。她一个孩子家摸进漆黑的大厅，在体育器械堆中寻到睡死过去的我，拖起来背到背上，回到家已是下半夜了。暴怒的老爹从大姐背上抓起我来就是一顿狠揍！我睡得迷里迷糊，只有任其暴虐，倒也没觉得害怕和疼痛，就是有些晕头晕脑。没道理的是，打上劲来的父亲,连大姐一块也给揍了一顿。这让已临古稀的大姐至今提起依然愤愤不平:"凭什么呀?他们做大人的不出去找,让我个孩子家半夜三更四下里瞎摸,你惹的事,该打你,可凭什么打我呀?我这算是挨的哪门子揍啊!"我心中倒是清楚,父亲是嫌做老大的没带好、管好妹妹才揍的她。当然事情绝不会就此罢休,我还得接着挨第二顿打——大姐一定要揍我一顿才解气。最终给打皮了,打的时节大哭大叫,打完了一抹泪该干嘛干嘛,不就是挨顿揍么?先高兴了再说。

我不恨父亲的另一个缘故,是我能感到父亲对我的一种偏爱,他打我打得多,可每次打完,他会找机会单独把我领出去,吃一客冰砖,或买一套小人书,添点新样的学习用具,以此设法抚慰一下这个"舅舅不疼、姥姥不爱"的女儿,笼络一下父女间的感情。这样每次回家,妈妈又要抱怨一顿:"打起来没头没脸,惯起来无法无天,这孩子非毁到你的手里!"这也是我和母亲记仇的一个原因。所以童年记忆中,父爱胜于母爱,我是亲爹而与娘疏远。父亲不发脾气时相当随和、民主,他能营造出非常高兴、快乐的氛围,而我们的母亲是一个不苟言笑、十分严肃的主妇,所以我老是躲着母亲,而和父亲格外亲昵,爱往他的眼皮下凑,一般来说,我家"爹派"压倒"娘派"。

"那美韶华去之何迅……"幸福的生活总是短暂的。父亲不薄的收入给儿女们奠定了丰足的物质基础。每个孩子都长得健康壮实,他生动的性格、广泛的兴趣也感染给子女,每个孩子都在他的影响下寻到了一生的追求、培养了许多的爱好,基本上还算得上聪明好学;而他那易怒的个性,直把我们打出了一副钢筋铁骨,煅造出我们那具有抵抗天灾人祸的顽强意志。我家子女从小不娇气、不虚荣,格外的泼实。这些素质都为即将降临、长达二十年的艰苦岁月奠定了物质和精神上必备的条件。虽然当时没有预感到将有大祸临头,但大自然赋予人类的潜在本能,已让我们这个家庭做好了迎接各种灾难的准备。

记忆

改变命运的两封信

苗振亚

我没有记日记的习惯,经过漫长的三十年,1978年的很多事情都忘记了。但是,有两封信却与1978年紧紧联系着,总是忘记不了。一封信,是别人改变了我的命运;另一封信,是我改变了别人的命运。

先说第一封信。

1978年5月,收到诗人刘祖慈的来信。信中谈了两件事,一是我投给《安徽文学》的一组短诗,已经用了出来。二是问我愿不愿意到《安徽文学》去工作,愿意的话,就把随信寄上的个人履历表填一下,尽快寄回。

这两件事,放在今天根本算不上什么,放在1978年,意义就非同寻常。那时,一个省只有一家文学刊物、一家报纸,能够让文字变成铅字,已经像范进中举一样不易。能到《安徽文学》工作,我是想也没敢想过。

当年,《安徽文学》是一家声誉很高的纯文学刊物,这里有江流、苏中、刘祖慈等几位作家、诗人、评论家在主持编务,所发作品不断因思想解放、突破禁区而在全国产生影响,发行近二十万份,想到这里工作的人不知有多少,怎么能轮上我呢?我在文学创作上默默无闻,又做着文学行当以外的工作,与省里的文学圈也从无来往,认识刘祖慈,也只是我四年前做乡村医生时,参加县文化馆的文学创作活动,与省里来的一行作家诗人有过一面之缘。以后我给刘祖慈投过几次稿,他等因奉此地回了几封信,谈不上有什么关系,因此,调我去《安徽文学》工作,我是做梦也想不到的。

几番周折,我在第二年夏天走进《安徽文学》编辑部,似乎感到动荡多年,终于可以安定下来好好工作了。为什么这样说呢？说来话长。我 1964 年从大学中文系毕业，在乡村参加两年社教工作，然后去省委宣传部办的《江淮评论》工作。可是，未等社教结束，"文革"开始了，宣传部被砸烂，《江淮评论》撤销，我只有等待重新分配。当时，最有可能的去向就是到中学教书，可是，那时的城市中学纷纷下迁农村，不久，又听说农村中学以后都要归大队管理，不发工资，只记工分，让我对前途感到十分无望。由于我对中医一向有兴趣，面对不可捉摸的前途，我决定，一边努力自学中医，一边向省里有关部门申请改行。当时的想法很单纯，不管到什么时候，行医看病，总能有口饭吃吧。经过多番努力，我终于来到一家公社卫生院。"文革"后期，芜湖地区卫校恢复，缺少中医老师，我于 1975 年从乡下调到这里。我就是从这里调进《安徽文学》的。

我能够轻而易举地调进《安徽文学》，很多人感到奇怪，说实在话，我更感到奇怪。别人都猜想我一定有什么过硬的关系。我为此曾向很多人解释，我没有关系，没有背景。可这话谁信呢？

世界上也许并不存在没有理由的事情，只是需要时间去发现它。

1983 年 10 月，四川人民出版社出版了江流的小说集《龙池》。他在送给我这本书的扉页上，写了这样一段话：

> 这个集子里的《还魂草》，是历劫余生。在"女皇"治下的某个垃圾箱中，你曾捡回它的残躯，并为之接肢添衣，保护下来，后来它从别人处又辗转流入我手。……当时我们相互之间还根本不认识，后来相识之后也从未说及此事。这虽然只是"大时代的小插曲"，却也令人难忘。

到这时，我才明白，"关系"和"背景"原来在这里，在垃圾堆里拾来的一本旧杂志里。

大概是 1975 年初夏吧，我路过一户人家门口，看到门前有一堆刚清扫出的垃圾，垃圾里一本没有封皮的旧刊物，一下子吸引了我。出于那个年代特有的阅读饥渴症，我根本没想这东西有多脏，弯腰就拣了出来。没想到，一翻开这本刊物，我就无论如何也不舍得扔了，它又脏又破，还有股说不清的难闻气味。难得的是，内文却一页不少。这时,一位老者从屋里走出来,我客气地点点头,十分地谦恭请求:老伯伯,这书卖给我行吗?他似乎连看都没有看一眼,很不在乎地摆摆手:拿去吧!我慌忙鞠躬致谢,高兴得无法形容。

是什么刊物会让我如此激动?这是一本1962年的《安徽文学》月刊,因为没了封面,目录页也残缺不全,我无法判断具体是哪一期,但这是给我留下印象最深刻的一期。也许是政治环境的短暂宽松吧,这期杂志的艺术质量,是"文革"前最好的一期。这里集中了安徽文坛一批代表人物的代表作,有白榕的散文《唢呐曲》,这是他散文的巅峰之作,文字华美得让人沉醉与着迷,随后多少业余作者模仿这种白氏文风;有刘祖慈的抒情诗《港口》,那时他才二十岁出头,在省立医院当着医生,在诗坛开拓出一块属于自己的地盘,才气纵横,前景人人看好;有治芳评论严阵诗集《江南曲》的文章,在当时,治芳的职业是大学教师,却又一手写诗,一手评诗,是诗歌评论界一位颇有影响的评论家。作为这期刊物的压轴大戏,就是江流长达八万字的中篇小说《还魂草》。

当年,这期杂志刚刚出炉之际,我是合肥师范学院中文系二年级学生,这一期刊物在校园里如何抢手,我还记忆犹新。这一期的每一本《安徽文学》后面,都排着长长的等待阅读的队伍,大家上课时放在课桌底下偷着读,熄灯后借着走廊的灯光读,《还魂草》成了大家不可不读的作品,成了课前课后谈论的重要话题。

那时,毛泽东的送瘟神诗二首,我们都是读过的,而把我们真正带入"万户萧疏鬼唱歌"历史情境的却是《还魂草》。它让我们形象地感受到,一个古老村落的族长与血吸虫病所带来的阴森、恐怖、凄惨。江流善于在浓厚的环境氛围中去刻画人物,背景色调的明暗与人物内心的悲喜变化,是那么和谐地融为一体。如果说《还魂草》是一个村庄的家族史,一幅皖南山村的风俗画,一部血吸虫病治疗前后的真实记录,那都不是过誉之词。从这部小说中看出,江流学问淹博,有丰厚的风俗民情方面的生活积累,有很好的语言天赋与文字训练,对小说有不同时俗的理解,眼高手也高,且又不轻易出手。小试牛刀,就有一种大家气象,为那个时期的安徽小说创作园地,留下一篇具有里程碑性质的中篇小说。

世事难料,风云多变,这篇小说后来却被打成"大毒草",从"千万不要忘记阶级斗争"到"横扫一切牛鬼蛇神",批判与讨伐几未间断,批判与讨伐文字超过小说本身文字的几十倍之多。《还魂草》被视为"人性论"的样板,而谈到人性,那肯定就不属于无产阶级了。更可笑的是,有人竟把小说当纪实,组织专人去所谓的小说写作背景地进行调查,对号入座,认定小说中的一个人物并非贫农而实系地主分子,是作者颠倒黑白别有用心。从此,江流运交华盖,小说创作之路猝然中断,一段写小说的最佳年华付诸东流。时代未能成全一个有才华的小说家,江流的内心一定是很痛苦的。

扯得太远了,再说这本垃圾堆上捡回的《安徽文学》。

如果不进行清洁处理,这本刊物是无法捧读的,谁知那上面渍染的都是些什么脏东西。如果不把破烂卷角的页面捋平粘好,再弄上个牛皮纸封面,很快就会烂得不成样子,以致完全失去阅读功能。我从晚饭后一直弄到下半夜,才把这本刊物修整得像个样子。那时还没有胶带纸,只能剪出很窄的纸条,用浆糊把破烂处一点点粘好。第二天早晨,我又郑重地在牛皮纸封面上写下一段文字,记下捡拾与修整过程,免不了也有感喟与愤激之言。具体文字我一句也不记得了,但"大时代的小插曲"这句话肯定是有的,要不然,江流为什么会有这句话,且在这句话上加上引号呢?

这本杂志流入我手是个偶然,而最终被江流看到则更加偶然。

两年后,我所熟悉的孙小兰调进《安徽文学》当编辑。一次,我们在合肥见面,海阔天空地谈起来,她问我:你读过江流的《还魂草》吗?听说那是一部非常好的小说。我说读过。她很遗憾,说经过一场文化浩劫,这部小说再也找不到了,连江流那里也没有了——江流此时已是《安徽文学》主编。我得意地向她炫耀,我有哇!这意外的惊喜让她立即兴奋地站了起来,紧逼着我,要我赶快寄给她读一读。回到芜湖后,我就把刊物挂号寄给了她,并要她读完后尽快还给我。

孙小兰是个很讲信用的人,这一次却再三推延归还日期,理由是要读的人太多,让她没有办法,但她向我保证肯定不会把刊物弄丢。又过了些时候,她很不好意思地跟我商量:这本刊物你能不能不要了呢?我几乎是想都没想就答应了。我感到奇怪,我当时为什么没有追问是谁留下了这本刊物,或是在谁的手里传没有了。也许是直觉告诉我,江流会留下这本刊物,他要把这个历经劫难失散多年的孩子带回家。

这段历史,是我看到江流写在小说集扉页上的那段话之后,才在心里串起来的。到这个时候,我才知道,把我调来的到底是谁。此后,我与江流在同一个编辑部共事近十年,但彼此都没有提及调动的事情。我只是在他去世五年之后,才在《安徽文学》上写了篇文章,回忆起这段往事。他见微知著,不随流俗,能从一件小事上去判断一个未曾谋面也从未打过交道的人,给予信任,给予提携,从而改变了我学非所用的生命轨迹,这已经让我感激不尽。而他一直不让我有表露感激的机会,这种做人做事的境界,则永远让我高山仰止。

再说第二封信。

就在收到刘祖慈的信不久,又收到王齐根的来信。他告诉我,他当年的同班同学,有几个趁首届招生就报考了大学,已经考取走了,但他没敢报考。今年他报考了,还是没敢报考大学,怕考不上,从此失去了上学机会,因而改报中专,填报的就是我任教的芜湖地区卫校。他估计,自己的分数不会有问题,只是担心年龄超了一岁,很有可能被刷掉,想请我跟学校说一声,能不能通融一下。看得出来,写不写这封信让他颇为犹豫,怎么写这封信让他伤透脑筋,信的文字流露出的是自始至终的战战兢兢。

怎么认识王齐根的,我已经不记得了,我们之间的一次小纠葛,却令我终生难忘。

1968年秋冬,我爱人所在的芜湖地区医院被撤销,所有医护人员都要到农村去落户,我爱人则落户在一个叫戴镇的公社卫生院。随后,我改行的要求被批准,也来到这里滥竽充数地当上了中医郎中。与我们先后来到这里的,还有芜湖八中的七八位老师,公社给他们在小镇边上盖了三排房子,于是这山乡小镇第一次有了中学。值得一提的是一位名叫郁庭新的公社文教干事,他似乎对城市里发生的种种事体一无所知,说话那么毫无顾忌。他在欢迎我们的大会上说:你们这些医生老师都是大知识分子,是我们请都请不来的宝贝呀!做工种田不是你们的事,你们只要把病看好、书教好,你们就是上大人!他看到老师个个都如惊弓之鸟,不敢管学生,有一次就把学生集合起来训话,说什么:在学校里,老师就是你们的父母,老师就是孔夫子,孔夫子是大圣人,不尊重孔夫子那不翻了天?做学生只有两件事,多听老师话,唯有读书高!谁要敢造老师的反,我就开除他,造反在别的地方有理,在我们这里永远无理……有了这位干事撑腰,原先被整得灰头耷脑的老师们又都来了劲,在这个山高皇帝远的地方又搞起了"智育第一",一时教出了不少有出息的学生,王齐根即是这里走出的第一届初中毕业生。

因为我就住在中学旁边,中学里的学生大多面熟。大概是他们的语文老师说的吧,我原本是学中文的,就有学生和我接近,但这其中并没有王齐根。一次,我看这些学生强烈的读书渴望,而又找不到好书,就把我硕果仅存的一本经典读物——《唐诗三百首》借给了他们,并要其中的一个学生负责限期还给我。他们兴高采烈地把书拿走了,到了还书期限,这位学生告诉我,书叫他们的班长王齐根借去了,他保证一个星期之内归还。可是,一个星期到了,并不见归还,我就把这位学生找来询问。他嗫嚅着告诉我,书被王齐根搞丢了。听到这个坏消息,我的怒火不打一处来。千叮咛,万嘱咐,这么容易就被它搞丢了,这让我无论如何都不能容忍。我不能没有这本书,我一定要他把这本书给我找回来!

第二天放晚学的时候,这位同学把王齐根带来了。平日,我与王齐根只是见面微笑一下,没有直接接触过,但我知道他是班上成绩最好的学生,学校里的大扫除或别的义务劳动,他总是不声不响地带头,干最脏最累的活,有一种吃苦耐劳和默默承受的韧劲,他给我留下的印象非常好。可今天就不一样了,不容他张口,我话怎么难听就怎么说,直说到他脸没处搁,泪往下流。难听话说完了,最后还是要他还书,这事没有商量余地。他只得无奈地点点头,说再去找找。

其实,要他还书,也只是逼他一下,让他知道书的宝贵,真找不到那还不就算了!让我万万没有想到的是,过了一个星期,他来了,夹着一个白纸包。我还以为书找到了,打开一看,原来书没找到,他给我抄了一本。厚厚的一个硬皮笔记本上,完全是照着《唐诗三百首》的样子,画了封面,留了扉页,诗的题目、内文、评语,以大小不同字体相区别,字写得工整好看,最难得的是自始至终地一笔不苟。我后悔了,这是一个认真的孩子,我不应该这样逼他。抄出这本唐诗来,对他来说谈何容易!为借一本《唐诗三百首》,他到县里找到了所有可以说上话的亲戚,一起给他想办法。抄书要熬夜,乡里没有电,靠煤油灯照明,而煤油要计划供应,所以他就做个菜油灯,一灯如豆,抄了一个星期。还有买这个硬皮笔记本也要钱，这对他也不容易。想到这些，我心里一阵难过，眼泪不自觉地涌出眼眶。后来，我在他抄的《唐诗三百首》后面，写上道歉与鼓励的话，用白纸包好又还给了他。我发现，他也同样为这件事非常感动。

王齐根初中毕业后，因为家境贫苦，没有升学，就回生产队务农去了。从这以后，他有时给耕读小学代代课，有时帮赤脚医生打打针，多数时间是在田里干活挣工分。老师们一和我说起他，总是惋惜一番，说他在读书与做人上都是块好料子。现在，这块好料子写信找到了我，身为老师，不为他提供机会，还为谁提供机会呢？

我当即给王齐根回了信，一是告诉他，这是一件好事，你自然应该找我；二是告诉他，我立即去办，事情一定能够办成，完全可以放心。那时打电话很不方便，我就从芜湖专程赶到合肥，找到我校负责招生的人员，一说到王齐根，她就说这个人我知道，分数很高，就是大了一岁，你苗老师觉得这个人不错，那我们就要下来。于是，这个事就成了。他到校后，又被选为班长，还是像在中学里一样，学习用功，默默为大家做事，见到荣誉总是一脸羞涩，全校从上到下对他都有好感。他从卫校毕业的时候，我已来到合肥。听说，在毕业分配中，为那些城市里的名额，争抢十分激烈，他没有争，去了大家都不愿意去的九华山医院。几年后我去九华山，他已经成为医院院长，满山的和尚尼姑说起"王院长"，都是赞不绝口。

转眼之间，1978年过去三十年了。作为一个小人物，生活在1978年时，并不觉得那个时代有什么不同。可是，三十年后回想起来，只有那样一个大转折的"大时代"，才会有改变小人物命运的"小插曲"。

吴宓先生的一封佚札

胡大勇

吴宓（1894–1978），字雨僧，学衡派的领军人物。他较早地从文化保守主义角度，对五四新文化运动的偏颇提出了批评。在沉寂了多年之后，人们又重新对他有了兴趣。

笔者收藏的这封信札写于1936年5月19日。这一年吴宓四十二岁，刚好走过人生旅途的一半。研究吴宓的重要资料《吴宓日记》在这一期间恰巧缺失，吴宓的学术思想和人际交游在这封信里留下了重要痕迹。信札全文如下：

文翰学友：

　　顷将赐赠尊翁仲云先生《居易斋诗词集》十余卷披读一过，数日毕事，沈博绝丽，感慨苍凉，欣佩莫名。窃以古今诗人可分主观、客观二类，主观者重抒情，而情不离己，故词必清简，所作亦弗能多，客观者重写物，而物缘于境，故学必丰富，然后游踪所到，举凡山水云石，城殿寺井，均与典籍所记志乘所载，诸多历史事实，风流梦影，合而为一，灿烂缤纷，于是其所作，匪特能精，且可多也。统观仲云先生所作，似属于客观一类。其学之丰，艺之精，用典之工，造句之妙，前此不恒见，今后更希有矣。仲云先生之身世及游居地域，年月前后，集中昭然可见。其史地之经历可云甚广，后之人恐无此学，匪特不能作，且亦不能读此类诗也。近读孙师郑（雄）郑斋感游诗若干卷，亦有此感。今之"学者"难与言"国故"矣。然全集之作，情志不匮，旨意分明，怀抱芬芳，偶增序跋，言之尤为明显，读竟低徊神往，则于主观诗人之所长，亦未有缺也。

一、卷八，十七页，虞姬诗序，六云——读之增感，深为同情。

二、卷九《榆冈集》序，后序——岂但可备史乘，抑且实写生活，情与意并真挚。时△方在沈阳。

三、卷十三《旧京集》序，三页，致游君书——此种观点及态度，洵为中正。△极赞成。至若旧京之山石地址，我所深恋。集中往还酬唱之人物，亦不乏素识，尤令我流连也。

四、卷十五《入洛集》，一页——仲云先生系光绪丁酉拔贡，按吾父仲旗公（名建常）亦丁酉拔贡（自是未上进于功名），籍隶陕西泾阳，是则△当以年伯敬称，尊为前辈也（吾父任监察院参事，二十一年春，亦由宁赴洛。至冬始返宁。适同时，恐未相识）。

五、卷十五，十七页——仲云先生庚子入秦，△则侍父与先祖母赴沪。又二十三页之毛俊臣，亦父执友。

六、《北征集》十六页——丁酉拔贡，见上条。

七、《诗余》一卷，六页——南京鼓楼二条者——我于民国十至十二年，居此巷二年。所居周姓二层楼房，在巷内东口路南第一家，未知今尚在否？九页同。

其他读时所感，不及画记。拙作吴宓诗集一册，敬求仲云先生切实指教。持券可向南京中华书局取书，费已付。书中卷三有吾父像，集中地域人事，可与居易斋集中互相印证之处甚多。惟学薄文劣，为可惭耳。足下如有作见示，尤欣盼。读居易斋集，知郎亦早能诗也。专此即颂吟安。

吴宓顿首

吴宓的学生靳文翰将父亲靳仲云所著《居易斋诗词集》赠送给自己的老师，吴宓读后感慨成信。靳仲云（1877—1967），名志，开封人。光绪戊戌进士，后毕业于京师大学堂，留学法国，归国后任国民政府秘书，曾反袁称帝，追随孙中山。解放后，任河南文史馆馆员。能诗善书，颇称于时。吴宓对仲云先生的诗给予了高度评价，信文开始就称其诗"沈博绝丽，感慨苍凉，欣佩莫名"。

信中还提道："诗人可分主观、客观二类，主观者重抒情……；客观者重写物……"吴宓认为仲云先生属客观类诗人，并不惜笔墨给予了"学之丰，艺之精，用典之工，造句之妙，前此不恒见，今后更希有矣"的赞誉。吴宓对诗人分类的诗学观点与王国维极为相似。王国维在《人间词话》中，也将诗人分成主观和客观两类，王国维说："客观之诗人，不可不多阅世。主观之诗人，不必多阅世，阅世愈浅，则性情愈真。"前者他举了《水浒》、《红楼》作者为例，后者他举了南唐李煜为例。吴宓对仲云先生旧体诗的推崇，固然与靳诗"旨意分明，怀抱芬芳"不无关系，但也能隐约读到吴宓对传统文化的感情色彩。否则，也就不可能发出"今之'学者'难与言'国故'矣"的慨叹了。

吴宓在信中几乎逐卷写出了披读《居易斋诗词集》的多条记述。吴宓的嗣父仲旗公吴建常与仲云先生均系光绪丁酉拔贡，对仲云先生"当以年伯敬称，尊为前辈也"，而对比自己年幼十七岁的学生靳文翰就谦称"学友"了。信中提到的仲旗公执友毛俊臣是近代著名学者，以经学辞章著称于世，毛还是于右任的老师。信札行文虽不多，却颇有史料价值。

信札还提及吴宓于1921年至1923年曾在南京鼓楼二条居住，"所居周姓二层楼房，在巷内东口路南第一家，未知今尚在否？"信文平和、拙朴，静谧之中流露出苍凉。文中的"南京鼓楼二条"即南京鼓楼北二条巷24号——《学衡》月刊旧址、"学衡派"的发端之地。1921年9月初，吴宓新婚之后初到南京任教于东南大学。10月下旬，吴宓搬入24号院，并在这里与梅光迪、柳诒徵、胡先骕等人发起主办《学衡》月刊。吴宓还自制了一块"学衡杂志社"的白底黑字木牌，悬挂在宅院门口,以人文主义复兴中国文化的"学衡派"就此诞生。吴宓在这里一直居住到 1923 年 9 月移家至鼓楼东保泰街 19 号止。吴宓在授课之余,主持编撰《学衡》月刊,度过了自认为"一生最精勤之时期"。如今,这所"时时须除莠草"(吴宓语)的老房子,已被钢筋水泥楼房取代,大师们的踪影只有残留在记忆之中了。

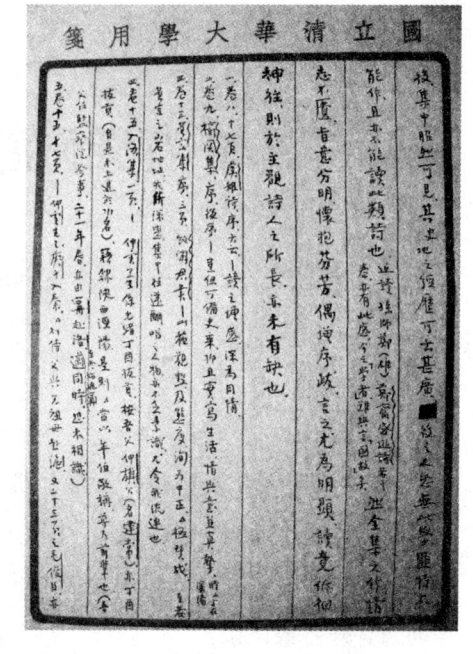

信札最后,吴宓赠送出版不久的"诗集一册,敬求仲云先生切实指教"。1935 年,《吴宓诗集》由中华书局出版。在旧体诗逐渐淡出文学主流的境况下,诗集的出版对于吴宓的个人意义可想而知。吴宓曾说,"人之一生总当作成诗集一册,小说一部。一以存其主观之感情,一以记其客观之阅历。诗所存者,外部环境对己心的印象;小说所记者,个人在社会之位置"。吴宓最终也没有小说传世,但他独特的人生经历,就已经是一部小说了。

吴宓的弟子季羡林对自己的老师有过这样的评价:"雨僧先生是一个奇特的人,身上也有不少的矛盾。他古貌古心,同其他教授不一样,所以奇特。他言行一致,表里如一,同其他教授不一样,所以奇特。别人写白话文、写新诗;他编写古文、写旧诗,所以奇特。他反对白话文,但又十分推崇用白话写成的《红楼梦》,所以矛盾。他看似严肃古板,但又颇有一些恋爱的浪漫史,所以矛盾。他能同青年学生往来,但又凛然、俨然,所以矛盾……雨僧先生在旧社会是一个不同流合污、特立独行的奇人,是一个真正的人。"

季先生的评价颇为贴切。在强大的新文化潮流下,吴宓没有人云亦云,而是敢于挺身而出,从文化保守主义的角度对五四运动提出了批评。他热爱祖国文化,但并不拒绝吸收外国文化的精华。七十年后捧读吴宓的佚信,仿佛又看到"古貌古心"、"奇特"、"矛盾"的雨僧先生向我们走来。

钩沉

1948年蒋介石缘何游太湖

赵映林

《温故（十一）》刊载蒋介石游太湖一事，其实，1948年5月蒋介石、宋美龄同游无锡太湖，完全是因为顺道之举。那么，顺道之举又从何说起呢？蒋氏夫妇为何在战事紧张之际有闲情逸致来欣赏太湖？说来其中有一个惊天的秘密，那就是前来宜兴寻根认祖。

关于蒋介石的身世，自唐人的《金陵春梦》问世后，始终存在两种说法。一说他是河南许昌灵沟镇人。其代表人物当然是唐人。另一说他是浙江奉化人氏。比较一致和流行的是此说。

至于蒋介石本人不论在什么场合，公开的、私下的，抑或在日记、文稿和讲话中，对自己的籍贯均持后说。在现在能见到的材料中，蒋介石皆自称"武岭蒋氏"或者"浙江奉化武岭"。蒋氏家族修的族谱，题签也是《武岭蒋氏宗谱》。武岭，也称武山，在奉化溪口镇东首，屏障全镇，为溪口的门户。蒋介石虽未说自己与河南许昌郑氏有无瓜葛，但河南郑绍发前来南京认弟，尽管未能见到"胞弟"蒋介石，然而蒋介石并没有为难他，在把郑绍发"资送"回原籍河南后，还给了他一个"步兵少校"的军衔，并且叮嘱河南省政府主席刘茂恩不要忘记给郑绍发开薪一事，却又让人疑窦顿生。由是，对蒋介石的身世籍贯的两种说法，是家喻户晓，经历几十年而不衰，而且随着海峡两岸形势的趋向缓和，又引起越来越多的人的注意，成为社会性的"长久话题"。可是蒋介石曾到江苏宜兴寻根、认祖、扫墓、修祠一事，在1949年后的大陆除却宜兴当年的几位耄耋报人之外，再也无人知晓，而在改革开放之前这几位耄耋报人更是三缄其口；蒋介石的先祖乃是江苏宜兴人，更是"黑匣子"。个中缘由，读者诸君自不难明白。

1990年代上半期，笔者因课题研究的需要，曾去宜兴市（今为无锡市辖的一个县级市）调查，承该市几个有关部门的热情协助和支持，采访到了当年在宜兴从事报业的几位耄耋老人。在他们的协助下，在调查中发掘到一件早被人们遗忘的事情——1948年蒋介石和宋美龄曾来宜兴寻根、认祖、祭祀先人，嗣后又拨专款修葺当地蒋氏宗祠。宜兴寻根、认祖、祭祀结束后，遂有了蒋宋夫妇的太湖之游。

蒋介石、宋美龄为什么会到宜兴去认祖祭祀呢？难道这里真有他的先祖坟陵吗？

答案是肯定的，蒋介石的先祖的确是江苏宜兴人氏。而蒋氏伉俪去祭祀，则是因时任宜兴县县长的蒋如镜的一封信所引起的。

抗日战争时期，宜兴被日本侵略者占领，成立了"维持会"和伪县政府。宜兴沦陷后，当地的国民党县政权就成了流亡政府。抗战期间，国民党宜兴县长共换了六届。这第六任县长叫蒋如镜，是本地徐舍下滩村人，1943年11月到1946年4月任职宜兴县长。为了躲避日本侵略军和汪伪军的追缴，他经常背着背包在宜兴各处办公从事抗日斗争。这位县长是文化人出身。1938年他与潘韵笙共同创办了《宜兴报》，1941年6月1日，他又创办了《民锋报》。他在主编《民锋报》时曾与国民党江苏省党部主办的《新江苏报》合出"中外电讯"，隔日刊出一期，报道世界各地抗击法西斯以及国内各地抗日斗争的新消息。正是因为这位县太爷是文化人出身，无论有事无事，他总是喜欢涉猎古籍，并从宜兴《蒋氏族谱》中发现了宜兴蒋氏与奉化蒋氏是同祖、同宗。于是就有了在他卸任前夕给蒋介石的上书，引出了蒋氏夫妇的宜兴太湖之行。

那么，宜兴蒋氏是怎样的一个家族呢？蒋如镜为什么能把宜兴蒋氏和奉化蒋氏拉扯到一起，说他们是同祖同宗呢？难道他有什么确凿的史料根据吗？否则，蒋介石为什么会轻而易举地相信了呢？

据宜兴同志介绍，宜兴蒋氏在民国时期以及之前一直是当地的大族、望族。1990年代初，笔者为了取证这一点，曾在南京，还有江苏的其他几个城市，向一些从事社会科学教学和研究的老先生做过访谈，他们无不知晓宜兴蒋氏乃是当地大族、望族。

宜兴蒋氏始祖乃是东汉初的囗亭乡侯。其家族史，根据南宋咸淳年间（1265-1274）的《毗陵志》记载：囗亭乡侯蒋澄，字少明。其父蒋横，东汉初官拜将军之职。蒋横共生九子，蒋澄乃其少子。汉光武帝建武二年（公元26年），蒋横随刘秀征讨赤眉军有功，被封为浚道侯，其后遭中央监察官、号称"三独座"的司隶校尉匡路的诬陷而罹死刑。他的九个儿子通通被迁徙。蒋澄与兄蒋默，遂迁徙到阳羡（即今江苏省宜兴市）。后来蒋横的冤案平反昭雪，匡路也因此受到族株的处治。而蒋横诸子皆受封拜官。蒋默封云阳侯，官拜谏议大夫。蒋澄封囗亭乡侯，任婺州刺史。蒋澄性格豪爽，任上颇有政绩，受到过朝廷的嘉奖。蒋澄六十多岁时致仕回到阳羡。他赋闲居乡，热心公益，多次捐资修路、筑桥、扩建修缮祠堂，对本族和毗邻之贫困人家亦不时有所周济，在当地甚有声誉。七十一岁时无疾而终。当地乡人为纪念这位德被乡泽、为官清廉的老人，争相为其立庙祭祀。这就是宜兴城内东庙巷以及官林镇上各有一座囗亭乡侯祠的来历。蒋默、蒋澄之子孙以后分别任过前将军、丹阳太守、荆州刺史，有的封侯，有的袭爵，成为宜兴的名门望族。坐落在官林镇上的囗亭乡侯祠（原与今天的官林小学毗邻），是一座有三进落院，有门厅、正厅、后楼的青砖瓦木建筑。抗日战争时期，毁于兵火。庭院中仅残一碑，碑额篆刻"九侯世家"四字尚清晰可辨。

蒋如镜在卸任前夕，给蒋介石上书，在介绍完了蒋氏的这段家史后，又把宜兴蒋氏挂到了周公姬旦的身上，说蒋澄先祖是助西周武王灭商的周公的第三子伯龄。接着笔锋一转，又非常巧妙地把宜兴蒋氏与奉化蒋氏嫁接上。在一段分析之后，蒋如镜在给蒋介石的上书中用非常肯定的语气说道："奉化蒋氏与宜兴蒋氏是同宗、同祖、同根生。"蒋如镜把宜兴蒋氏宗谱用红锦缎包裹好，封上信，派专人送到南京。

平心而论，蒋如镜所述的一切，不是他个人的信口开河而杜撰出来的。笔者查阅相关史籍，根据史料记载，蒋澄的后人，在东晋时期从江苏宜兴迁徙到浙江台州。蒋介石在未发迹以前，也认为奉化蒋氏是大世家。他在1920年12月4日的日记中有这么一段话：

"吾蒋氏在唐代由台州迁奉，楼隘或即俗呼楼盂者便是之蒋浚明公，官至金紫大夫，即此派也。其墓在三岭山……摩珂蒋宗霸公，世传为吾祖，谱中所称必大公者是也。当王季之周，其居三岭，与岳林寺之弥勒相友善，亦近情理……"

可见蒋介石也是认为自己是由台州迁徙到奉化的"官至金紫大夫"的蒋浚明的后裔。再往前，蒋浚明的先祖又是谁，中间缺了一段，蒋介石自己也未曾弄清楚。如今见到蒋如镜的信和宜兴蒋氏宗谱，如获至宝，正好弥补了蒋氏家族世系溯源中断的缺憾。由此看来，蒋介石更早的祖籍当是江苏宜兴无疑。再说蒋介石看完信后立即嘱咐侍从室派人到宜兴调查，并交代下来：不要走漏消息，惊动中央各部委与要员们，以免贻笑于人。侍从室遂派人来到宜兴，与蒋如镜了解商谈后，就在蒋如镜陪同下实地查看了都山的闸亭乡侯冢等几处遗迹，还看了宜兴城里已经毁于兵燹的闸亭乡侯祠的残迹。蒋如镜又请当地的士绅蒋耀绅详细介绍了宜兴蒋氏家族的世系情况。来人问得很仔细，做了认真的记录。不过蒋介石在听取了侍从室调查人员的报告后，并没有表示要来宜兴，只是不知可否地"嗯……嗯"，表示知道了。因为这时他有更重要的事——急于消灭共产党，正积极部署对中原解放区李先念部的进攻。另一方面，在还没有仔细研究这一事情的可信程度之前，也不便于立即表明态度，更不想声张，让人猜测议论。此后，随着战事的吃紧，蒋介石始终没有能来宜兴。蒋如镜原以为蒋介石会即刻来宜兴认祖祭扫，自己也可以风光一下，说不定还能够再弄一任县长干干。可是直到1946年4月底他卸任回乡，蒋介石都没有来宜兴（1950年，在中共领导的镇压反革命运动中，蒋如镜被宜兴县人民政府以历史反革命分子罪判处死刑。笔者在调查过程中了解到蒋如镜其人，以今天的法治眼光分析，蒋如镜是不该被判死刑的，因他仅仅只是做过一阵国民党的宜兴县长，何况在抗日战争中存在着以国共两党合作为基础的抗日民族统一战线，据当地同志说，抗战后国共两党争斗中他任国民党宜兴县长并没有危害过共产党，对人民更无血债）。

到了1948年5月初，宜兴县政府突然接到南京方面的通知：蒋介石要来宜兴扫墓。此时此刻蒋介石突然要来宜兴扫墓，并非其心血来潮，与当时蒋本人的心情，还有当时的国内政治局面有关。按照国民党的计划，1948年国民党要实行宪政，头年在国统区开始了"国大选举"。1948年3月29日，"行宪国大"在南京正式开幕，这次大会的使命是"行使选举权，以完成中华民国政府的组织"，即选举"总统"、"副总统"。4月19日，蒋介石如愿以偿"当选"为总统。正是这个"当选总统"让蒋介石的心情很是好了起来，于是，他决定到宜兴走一走。

当时的宜兴县的国民党县长是李乙飞，见到函后他是丈二和尚摸不着头脑，闹不清蒋介石要来宜兴扫的哪门子的墓。因为当年蒋如镜考证宜兴蒋氏与奉化蒋氏乃"同宗、同祖、同根生"，只有参与其事者知晓，也没有公案留存，也就难怪李乙飞莫名其妙了。后来几经辗转，在宜兴徐舍下滩村找到了闲居在家的蒋如镜，才算搞清楚事情的来龙去脉。回到县里，李乙飞就忙开了，先派人去勘察都山囗亭乡侯墓。都山不高，海拔仅几百米。这囗亭乡侯墓就坐落在都山荡边的都山上，依山傍水，林木葱茏，放眼望去，一片青翠，景色幽美。不过这座千年古墓，到这时已是荒冢一座，主要建筑如牌楼等早已荡然无存。墓前仅残留着石台、石凳和一块字迹不清的墓碑。笔者1990年代来墓地时，见到的墓地占地面积还有三亩左右，据陪同的相关同志介绍说，原来的墓园面积有五亩多地，有围墙，由此也可以想到当年的气派。李乙飞交代县政府立即派人清除杂草，把通至墓地的小道修复完整，并在蒋介石要经过的几个主要地方和桥镇、徐舍和宜兴县城都布置了少许欢迎队伍。

5月17日，蒋介石偕宋美龄及侍从警卫一行，分乘五辆小车，没有前呼后拥的大队车马，轻车简从，沿当时的京杭国道（即后来我们说的宁杭公路）于上午10点抵达宜兴徐舍镇。县长李乙飞率领宜兴县城缙绅蒋湘叔、徐舍的许楚箴和都山的蒋耀坤等在此迎候。这批人被蒋介石邀请同乘预先备好的专用汽艇直达都山墓地，之后，众人弃舟登山，步行约两华里到了囗亭乡侯墓。蒋介石在都侯墓村（今蒋家村）问有没有同族年长者，蒋耀坤推荐了年逾古稀的朴实老农蒋田福，蒋介石接见了他，并客气地邀请他一同参加扫墓仪式。孰料几年后，国民党兵败大陆，蒋介石接见蒋田福一事也就成了蒋田福的一大罪状。不过这是后话了。

在稍事休息后，即举行扫墓仪式，首先由蒋介石献上从南京带来的大花圈，蒋氏夫妇继而向侯墓鞠躬示敬，接着按年龄长幼分批向侯墓鞠躬。仪式很简单，没有上供品，也没有燃香烛。

蒋介石一行祭扫完毕，仍坐汽艇于下午2时回到徐舍，随即坐车沿京杭国道转锡宜公路去了无锡。在游览了太湖之后，径直回到了南京，未在宜兴城内停留。

以后，蒋湘叔、蒋耀坤两次上南京谒蒋，请示修理宜兴城内口亭乡候祠事宜。蒋介石拨了专款把祠堂修缮一新，并亲题"世德清芬"匾额。此匾额制好后高悬于祠堂正厅中央。匾额上沿正中有一朱红大方印"中华民国总统印"，下款为"蒋中正"三字。

祠堂正厅，新塑蒋澄坐像一尊，后厅悬挂蒋澄画像一幅。画像是蒋氏家族历代祖传，确系古画，"文革"中尽被毁去，调查者无以得见。

稿　约

《温故》是一种陆续出版的历史文化读物。

《温故》以今天的视角来追忆与审视过去，并为当下的生存与未来的发展提供一种参照。所谓"温故而知新"。

《温故》的内容大体包括以下三方面：

1.对人类以往生存状态的追怀；2.对历史的审视与反思；3.对历史文化遗迹与遗留文本的重温。

来稿力求史料鲜活，视角新颖，观点独到。一经刊用，即致稿酬。

联系地址：北京东城区和平里兴化东里26号楼《温故》编辑部（邮编：100013）

电话：(010)84255528-8009　传真：(010)64204980

E-mail: wengushufang@126.com

图书在版编目(CIP)数据

温故(十六)/刘瑞琳主编.—桂林:广西师范大学出版社,
2009.8
ISBN 978-7-5633-8982-7

Ⅰ.温… Ⅱ.刘… Ⅲ.中国-现代史-史料
Ⅳ.K260.6

中国版本图书馆CIP数据核字(2009)第147301号

搜狐读书 book.sohu.com　　凤凰网 读书　　网络支持

广西师范大学出版社出版发行
(桂林市中华路22号　邮政编码:541001)
(网址:www.bbtpress.com)
出　版　人:何林夏
全国新华书店经销
发行热线:010-64284815
山东人民印刷厂泰安厂印刷
(山东省泰安市灵山大街东首　邮政编码:271000)
开本:690mm×960mm　1/16
印张:11　字数:160千字
2009年8月第1版　2009年8月第1次印刷
定价:18.00元

如发现印装质量问题,影响阅读,请与印刷厂联系调换。